LA
ŚRĪ ĪŚOPANIṢAD

LIVRES DU MÊME AUTEUR

La Bhagavad-gītā telle qu'elle est
Le Śrīmad-Bhāgavatam
Le Śrī Caitanya-caritāmṛta
Le Livre de Kṛṣṇa
L'Enseignement de Śrī Caitanya
Le Nectar de la dévotion
La Śrī Īśopaniṣad
L'Upadeśāmṛta
La Perfection du yoga
La Vie vient de la vie
Par-delà la naissance et la mort

AUTRES LIVRES

Prabhupada : La Vie et l'œuvre du fondateur
Gloire et mystère de l'Inde
Le Goût supérieur

De nombreux autres titres sont aussi disponibles en langue anglaise et plusieurs de ces ouvrages existent en 85 langues différentes.

www.blservices.com
www.krishna.com

LA ŚRĪ ĪŚOPANIṢAD

La connaissance qui nous rapproche de Kṛṣṇa,
Dieu, la Personne Suprême

Introduction, traduction
et commentaires par

Śrī Śrīmad
A. C. Bhaktivedanta Swami Prabhupāda
Acharya-fondateur de l'International Society for Krishna Consciousness

THE BHAKTIVEDANTA BOOK TRUST

Les personnes intéressées par la matière du présent ouvrage sont invitées à s'adresser à l'un de nos centres :

FRANCE

230 Avenue de la Division Leclerc, 95200 Sarcelles
Tél : +33 (0)1 34 45 89 12 • www.krishnaparis.com

BELGIQUE

Petite Somme 5, 6940 Septon (Durbuy)
Tél : +32 (0)86 32 29 26 • info@radhadesh.com
www.radhadesh.com

CANADA

1626 boul. Pie IX, Montréal, Québec H1V 2C5
Tél : +1-514-521-1301 • iskconmontreal@gmail.com
www.iskconmontreal.ca

ROYAUME-UNI

Tél : +44 (0)1923 851000 • readerservices@pamho.net

ou à écrire à : directory.krishna.com

Le présent ouvrage a été traduit de l'anglais par Pierre Corbeil (Viṣṇurāta dāsa) et Pierre J. Assouline (Janārdradhī dāsa), tous deux disciples de Śrī Śrīmad A. C. Bhaktivedanta Swami Prabhupāda.

MIXTE
Papier issu de sources responsables
FSC® C083411
FSC
www.fsc.org

Copyright © 1974 The Bhaktivedanta Book Trust

www.krishna.com • www.bbtmedia.com • www.bbt.se

ISBN 978-91-7149-565-5

Śrī Īśopaniṣad (French)
Imprimé en 2015

Vous pouvez vous procurer ce livre
en format numérique, gratuitement, à
www.bbtmedia.com/fr
Code: **EB16FR96785P**

Table des matières

Introduction *vii*

Invocation 1

Mantra *un* 4

Mantra *deux* 9

Mantra *trois* 13

Mantra *quatre* 16

Mantra *cinq* 19

Mantra *six* 23

Mantra *sept* 27

Mantra *huit* 31

Mantra *neuf* 36

Mantra *dix* 40

Mantra *onze* 45

Mantra *douze* 51

Mantra *treize* 57

Mantra *quatorze* 65

Mantra *quinze* 71

Mantra *seize* 77

Introduction

« L'ENSEIGNEMENT DES VEDAS »

Conférence donnée par Śrī Śrīmad A.C. Bhaktivedanta Swami Prabhupāda le 6 octobre 1969 au Conway Hall, à Londres.

Mesdames et Messieurs, nous parlerons aujourd'hui de l'enseignement des *Vedas*. Mais d'abord, qu'est-ce que les *Vedas ?* Les racines sanskrites du mot *veda* peuvent s'interpréter de diverses manières qui se rejoignent finalement toutes pour signifier « connaissance ». Toute connaissance est en fait « veda » car l'enseignement des *Vedas* constitue le savoir originel.

À l'état conditionné, notre connaissance comporte de nombreuses lacunes car à l'inverse de l'âme libérée, l'être conditionné par la matière est sujet à quatre types d'imperfections. La première est qu'il est contraint de commettre des erreurs. Mahatma Gandhi, par exemple, qui était considéré comme un personnage exceptionnel, fit de nombreuses erreurs, dont l'une lui fut même fatale. En effet, à la fin de sa vie, son assistant l'avertit de ne pas aller à l'assemblée de New-Delhi car des amis l'avaient prévenu qu'il courait un danger, mais il ne voulut rien entendre ; il insista pour s'y rendre et fut assassiné. Et l'on pourrait citer tant d'autres exemples. « L'erreur est humaine » dit-on.

En second lieu, l'homme est la proie de l'illusion. L'illusion est ce qui nous fait prendre les choses pour ce qu'elles ne sont pas, et le sanskrit désigne « ce qui n'est pas » par le mot *māyā*. Le fait que tout le monde s'identifie à son corps illustre bien cette *māyā*. Si par exemple, je vous demande qui vous êtes, vous me répondrez : « Je suis M. Untel, je suis un homme riche, je suis ceci, je suis cela. » Mais c'est là une illusion, car en fait, il ne s'agit là que d'identifications corporelles. Et vous êtes distinct de votre corps.

La troisième des imperfections de l'homme est sa tendance à tromper autrui ; chacun a ce défaut profondément ancré en lui. Même le dernier des sots se fera passer pour très intelligent. Bien qu'il soit établi que l'être humain est sujet à l'illusion et à l'erreur, il continue d'écrire des ouvrages de philosophie et d'énoncer ses théories (je crois ceci, je pense cela...) alors qu'il ignore tout de sa propre nature. C'est là le problème de l'humanité, sa tendance innée à abuser autrui.

Enfin, les sens de l'homme sont imparfaits. Prenons le sens de la vue dont il est si fier. N'entendons-nous pas souvent lancer ce défi : « Pouvez-vous me montrer Dieu ? » Mais comment voir Dieu avec des yeux matériels ? Si la pièce s'assombrissait soudainement, vous ne pourriez même plus voir vos mains. À quoi donc se réduit notre sens de la vue ? Nous ne pouvons donc pas nous attendre à ce que la connaissance parfaite *(veda)* provienne de sens aussi imparfaits. Avec tous ces défauts, tant que nous serons conditionnés, il nous sera impossible d'apporter à quiconque une connaissance parfaite, ni d'être nous-mêmes parfaits. C'est pourquoi nous acceptons les *Vedas* tels qu'ils sont.

Les *Vedas* ne sont pas, comme on le croit, des Écritures « hindoues », terme d'ailleurs étranger, et nous-mêmes ne sommes pas hindous. Nous suivons les principes du *varṇāśrama-dharma* tels que les *Vedas* les décrivent. Le *varṇāśrama,* divisé en quatre *varṇas* et quatre *āśramas,* constitue l'organisation naturelle de la société humaine. Les *varṇas* sont les quatre groupes sociaux, et les *āśramas* sont les quatre étapes de la vie spirituelle. La *Bhagavad-gītā* (4.13) nous dit que parce que ces divisions sont créées par Dieu, elles sont universelles. *Brāhmaṇas, kṣatriyas, vaiśyas* et *śūdras* constituent les quatre groupes sociaux. Les *brāhmaṇas* sont ceux qui possèdent les plus grandes capacités intellectuelles, ceux qui discernent le Brahman, la Vérité Absolue ; les *kṣatriyas* sont chargés de l'administration de l'État ; les *vaiśyas* sont les commerçants et les fermiers ; les *śūdras* sont les travailleurs qui assistent les autres groupes. Ces divisions forment la base de toute société humaine, et nous les acceptons telles quelles.

Si nous reconnaissons les principes védiques comme des axiomes, c'est parce qu'ils ne sont pas sujets à l'erreur humaine. En Inde, par exemple, la bouse de vache est considérée comme pure, bien qu'il s'agisse d'un excrément animal. Or, d'un côté les *Vedas* stipulent que lorsqu'on touche des excréments, on doit aussitôt se laver entièrement, et de l'autre, ils affirment que la bouse de vache est pure, et qu'en enduire un endroit impur l'assainit. Notre bon sens y voit une contradiction ; mais si c'est en effet paradoxal, ce n'est pas faux. Un homme de science très connu de Calcutta a analysé la bouse de vache et a découvert qu'elle possédait des vertus antiseptiques.

Lorsqu'en Inde, on enjoint à quelqu'un d'agir de telle ou telle manière, on s'entend parfois répondre : « Que voulez-vous insinuer ? Est-ce écrit dans les *Vedas* pour que j'obéisse sans discuter ? » On ne peut mettre en doute la valeur absolue des normes védiques. Si on les étudie avec soin, on verra qu'elles sont toutes justifiées.

Les *Vedas* ne sont pas une compilation de connaissances humaines. Le savoir védique provient du monde spirituel, il est donné par Kṛṣṇa. On qualifie également les *Vedas* de *śruti,* mot désignant un savoir reçu par l'écoute, à l'inverse du savoir acquis par l'expérimentation. Les *śrutis* sont comparés à une mère, car la mère est pour l'enfant la source de toute connaissance. Si l'on veut savoir, par exemple, qui est notre père, c'est à notre mère qu'il faut s'adresser. De même, pour connaître ce qui dépasse notre expérience pratique et nos facultés de perception, nous devons nous en remettre aux *Vedas*. Le savoir védique n'a nul besoin d'être démontré. Il a déjà été expérimenté et son authenticité reconnue. Comme pour l'exemple de la mère, il n'y a pas d'autre alternative que de l'accepter tel quel.

Aux origines, Dieu, la Personne Suprême, révéla la connaissance védique au tréfonds du cœur de Brahmā, le premier être créé. Aussi, de même que les *Vedas* sont considérés comme la mère de l'humanité, Brahmā en est-il l'aïeul, l'ancêtre. Il transmit au monde cette connaissance spirituelle, par l'intermédiaire de son fils Nārada, puis de ses autres fils et disciples, lesquels, à leur tour, la communiquèrent à leurs propres disciples. La connaissance védique est ainsi transmise de maître à disciple, et la *Bhagavad-gītā* nous assure qu'il n'y a pas d'autre façon de la recevoir et de la réaliser. Si nous en faisons l'expérimentation, nous arriverons à une conclusion identique, mais afin de gagner du temps, mieux vaut l'accepter directement.

Celui qui veut connaître son père et qui reconnaît l'autorité de sa mère sur le sujet, acceptera sans discuter ce qu'elle lui dira. Les preuves de l'exactitude d'un fait ou d'une théorie sont de trois ordres : *pratyakṣa, anumāna* et *śabda. Pratyakṣa-pramāṇa* est la preuve acquise par perception directe ; elle n'a que peu de valeur car nos sens sont imparfaits. Le soleil, que nous observons chaque jour, nous apparaît comme un disque de petite dimension, alors qu'il est en réalité beaucoup plus grand que plusieurs planètes réunies. Que vaut une vision si limitée ? Si nous voulons connaître la nature du soleil, la meilleure solution sera de consulter des livres à ce sujet. L'expérience directe n'est donc pas infaillible ni suffisante. Vient ensuite la connaissance inductive fondée sur l'hypothèse, *anumāna-pramāṇa.* Darwin, par exemple, a élaboré toute une théorie sur l'évolution des espèces, mais il s'agit là de supposition et non de science exacte. Cette façon de prouver est donc également imparfaite. Le plus sûr moyen de recevoir la connaissance vraie est de la puiser à une source parfaitement authentique. Si la direction d'une station radiophonique vous envoie l'horaire de ses émissions, vous en accepterez l'exactitude ; vous n'en douterez pas et vous n'essaierez pas de le vérifier par vous-même puisqu'il vous vient de source autorisée. Il s'agit là de la troisième sorte de preuve, la *śabda-pramāṇa.*

La connaissance védique est *śabda-pramāṇa,* ou *śruti-pramāṇa,* ce qui indique qu'elle est reçue par l'écoute. Les *Vedas* nous apprennent qu'il faut recueillir cette connaissance transcendantale d'une source reconnue. Car si le savoir matériel provient de ce bas-monde, le savoir transcendantal vient d'un monde situé au-delà de l'univers matériel. Or, n'étant pas même capables d'atteindre les confins de l'univers matériel, comment pourrions-nous avoir accès au monde spirituel ? Il est donc impossible d'acquérir la connaissance totale sans aide.

Au-delà des états manifesté et non manifesté de l'énergie matérielle, il existe une autre nature, qu'on appelle le monde spirituel. Mais comment savoir qu'il existe un monde où les planètes et leurs habitants sont éternels ? Et quand le savoir est là, comment le soumettre à des expériences ? C'est impossible. Par conséquent, il nous faut avoir recours aux *Vedas* et y puiser la connaissance védique. Dans le Mouvement pour la Conscience de Kṛṣṇa, c'est de Kṛṣṇa, l'autorité suprême reconnue par tous, que nous tenons la connaissance. Par tous, j'entends en premier lieu les deux catégories de spiritualistes : les *māyāvādīs* (impersonnalistes), connus aussi sous le nom de « védantistes » et marchant sur les traces de Śaṅkarācārya, et les *vaiṣṇavas* (personnalistes), comme Rāmānujācārya, Madhvācārya, Nimbarka Svāmī et Viṣṇu Svāmī. L'une comme l'autre, la *Śaṅkara-sampradāya* et la *Vaiṣṇava-sampradāya* acceptent Kṛṣṇa comme étant Dieu, la Personne Suprême.

Śaṅkarācārya est censé avoir été un impersonnaliste n'enseignant que l'aspect impersonnel de la Vérité Absolue (le Brahman), mais en fait, il était un personnaliste déguisé. Dans son commentaire sur la *Bhagavad-gītā,* il écrivit : « Nārāyaṇa, Dieu, la Personne Suprême, Se trouve au-delà de la manifestation cosmique. » Puis il ajouta : « Cette Personne Divine et Suprême, Nārāyaṇa, est Kṛṣṇa, venu sur terre comme le fils de Vasudeva et Devakī. » Il mentionna spécifiquement le nom de Ses parents. Ainsi, tous les spiritualistes reconnaissent que Kṛṣṇa est Dieu, la Personne Suprême ; cela ne fait donc aucun doute. Comme nous le disions, dans la Conscience de Kṛṣṇa, notre connaissance provient directement de la *Bhagavad-gītā* telle que Kṛṣṇa l'a énoncée. Nous avons publié cet ouvrage sous le nom de *La Bhagavad-gītā telle qu'elle est* car nous acceptons les paroles de Kṛṣṇa telles qu'Il les a formulées, sans en interpréter le sens. C'est parce que le savoir védique est pur que nous l'acceptons dans son intégrité ; en acceptant de cette manière tout ce que dit Kṛṣṇa et en reconnaissant en Lui la source authentique de toute connaissance, nous acquérons le savoir sans perdre de temps.

Il y a deux voies dans le monde matériel pour acquérir la connaissance : l'induction et la déduction. Par déduction, vous pouvez, par exemple, conclure que l'homme est mortel. Vos parents, vos amis, tout le monde dit que l'homme est mortel, et vous acceptez cette conclusion sans en faire l'expérience par vous-même. Toutefois, si vous voulez élucider la question par induction, il vous faudra étudier tous les hommes les uns après les autres, et constater personnellement la mort de chacun d'entre eux ; mais vous ne verrez jamais l'aboutissement de vos recherches, car il se pourra toujours qu'un homme échappe à la mort sans que vous en ayez connaissance. En sanskrit, on appelle cette méthode inductive *āroha*, c'est-à-dire la méthode ascendante. Vous n'arriverez jamais à la bonne conclusion si vous tentez d'atteindre à la connaissance par vos efforts personnels, en utilisant vos sens imparfaits comme instruments de recherche. C'est impossible.

La *Brahma-saṁhitā* nous apprend que même en voyageant à la vitesse de la pensée pendant des millions d'années, on ne peut atteindre les confins de l'univers spirituel illimité. Les avions modernes peuvent atteindre une vitesse de 3 000 km/heure, mais la vitesse de la pensée est beaucoup plus grande encore. On peut être assis chez soi et penser à l'Inde, qui se trouve à disons 15 000 km de là : immédiatement le mental nous y transporte. Cet exemple montre bien qu'il est vain d'essayer ainsi d'atteindre le monde spirituel. C'est pourquoi les *Vedas* nous exhortent — le mot « obligatoirement » est même employé — à approcher un maître spirituel authentique, un *guru*. Et qu'est-ce qui fait l'authenticité d'un maître spirituel ? Premièrement, que le message des *Vedas* lui soit venu de source autorisée et qu'il l'ait correctement compris, et deuxièmement, qu'il ait parfaitement réalisé le Brahman, la Vérité Absolue. Il ne peut être reconnu sans ces deux qualifications.

Aussi ce Mouvement pour la Conscience de Kṛṣṇa est-il complètement en accord avec les principes védiques. La *Bhagavad-gītā* affirme : « Kṛṣṇa est le but réel de la recherche védique », et la *Brahma-saṁhitā* développe cette idée en disant : « Kṛṣṇa, Govinda, possède d'innombrables formes, mais elles ne font toutes qu'une. » Sa forme, contrairement à la nôtre, créée et faillible, n'a ni origine ni défaut ; sans commencement et sans fin *(ānanta)*, elle se multiplie en un nombre infini de formes. Assis dans cette salle de conférence, nous ne pouvons pas nous trouver en même temps dans nos demeures respectives, mais Kṛṣṇa, Lui, est partout à la fois. Il peut Se trouver à Goloka Vṛndāvana et, en même temps, être partout ailleurs, car Il est omniprésent. Il est l'être le plus ancien puisqu'Il est l'origine de tout, et pourtant, chaque fois que vous regardez une image de Kṛṣṇa, vous voyez un jeune homme de quinze à vingt ans, jamais un vieillard. Si vous avez déjà vu l'image de Kṛṣṇa conduisant le char d'Arjuna, sachez qu'Il avait alors pas moins de cent ans. Bien que pourvu d'arrière-petits-enfants, Il avait pourtant l'air d'un adolescent. En raison de Sa puissance suprême, Kṛṣṇa, Dieu, ne vieillit jamais. Il est très difficile, presque impossible, de connaître Kṛṣṇa au travers des Écritures védiques, mais par contre, vous saurez tout sur Lui en vous adressant à Ses dévots. Les purs *bhaktas* ont le pouvoir de vous offrir Kṛṣṇa tel qu'Il est.

À l'origine, il n'y avait qu'un seul *Veda,* transmis oralement et non pas par écrit, car les gens étaient d'intelligence si vive, et avaient une mémoire tellement développée, qu'en écoutant une seule fois leur maître spirituel, ils saisissaient immédiatement toute la portée de ses paroles. Mais il y a 5 000 ans, Vyāsadeva mit les *Vedas* sous forme écrite pour le bien des gens de notre ère, l'âge de Kali (le *kali-yuga*). Il savait que l'homme allait vivre moins longtemps, que sa mémoire et son intelligence perdraient leur acuité. Il divisa donc le *Veda* originel en quatre parties : le *Ṛg,* le *Sāma, l'Atharva* et le *Yajur,* et le confia sous cette forme à ses disciples. Plus tard, il pensa au bien des personnes d'intelligence moindre (*strīs, śūdras* et *dvija-bandhus*), et compila pour eux le *Mahābhārata* ou l'Histoire de l'Inde, et les dix-huit *Purāṇas*. Les *Purāṇas,* le *Mahābhārata,* les quatre *Vedas* et les *Upaniṣads* (qui font partie des *Vedas*) sont tous des Écrits védiques. Pour les érudits et les philosophes, Vyāsadeva résuma toute la connaissance védique dans le *Vedānta-sūtra,* le fin mot des Écritures védiques.

Vyāsadeva écrivit personnellement le *Vedānta-sūtra* selon les directives de Nārada, son maître spirituel, mais après l'avoir rédigé, il demeura insatisfait. Dans le *Śrīmad-Bhāgavatam,* cet épisode fait l'objet d'un long récit. Après avoir compilé les *Purāṇas,* les *Upaniṣads* et même le *Vedānta-sūtra,* Vyāsadeva n'était toujours pas satisfait. Nārada lui conseilla alors d'expliquer le *Vedānta. Vedānta* signifie « connaissance ultime », et cette connaissance ultime est la connaissance de Kṛṣṇa. Kṛṣṇa dit que le but de tous les *Vedas* est de Le connaître : *vedaiś ca sarvair aham eva vedyo vedānta-kṛd veda-vid eva cāham* — « Le but de tous les *Vedas* est de Me connaître ; c'est Moi qui ai composé le *Vedānta* et Je suis Celui qui connaît les *Vedas.* » (*Bhagavad-gītā,* 15.15) L'objet ultime est donc Kṛṣṇa, comme l'expliquent tous les commentaires *vaiṣṇavas* de la philosophie du *Vedānta.* Nous, *vaiṣṇavas* de la *Mādhva-gauḍīya-sampradāya,* avons notre propre commentaire de la philosophie du *Vedānta :* le *Govinda-bhāṣya,* qui a été rédigé par Baladeva Vidyābhūṣaṇa ; Rāmānujācārya et Madhvācārya ont également rédigé leurs propres commentaires. Il existe en fait plusieurs commentaires du *Vedānta,* mais comme ceux des *vaiṣṇavas* furent écrits plus tard, on croit à tort que la version de Śaṅkarācārya est la seule qui existe. En outre, Vyāsadeva lui-même, l'auteur du *Vedānta-sūtra,* en a rédigé le premier le commentaire parfait : le *Śrīmad-Bhāgavatam.* Śrīla Vyāsadeva commence le *Śrīmad-Bhāgavatam* avec les premiers mots du *Vedānta-sūtra : janmādy asya yataḥ.* Ces premiers mots sont expliqués sous tous les angles tout au long du *Śrīmad-Bhāgavatam.* Le *Vedānta-sūtra* ne fait d'ailleurs que donner un indice de ce qu'est le Brahman, la Vérité Absolue, en disant : « La Vérité Absolue est Celui dont tout émane. » Ce bref résumé est parfaitement détaillé dans le *Śrīmad-Bhāgavatam.* Si tout émane de la Vérité Absolue, alors quelle est la nature de cette Vérité Absolue ? Le *Śrīmad-Bhāgavatam* répond à cette question : la Vérité Absolue doit être consciente et entièrement indépendante *(sva-rāṭ).* Le développement de notre conscience et de notre savoir nous vient de la connaissance que nous recevons des autres, tandis que Kṛṣṇa ne tient tout que de Lui-même. La quintessence de tout le savoir védique se trouve exprimée dans le *Vedānta-sūtra,* lui-même expliqué dans les plus grands détails par son auteur dans le *Śrīmad-Bhāgavatam.* Aussi recommandons-nous l'étude du *Śrīmad-Bhāgavatam* et de la *Bhagavad-gītā* à tous ceux qui recherchent la connaissance védique.

Invocation

ॐ पूर्णमदः पूर्णमिदं पूर्णात्पूर्णमुदच्यते ।
पूर्णस्य पूर्णमादाय पूर्णमेवावशिष्यते ॥

oṁ pūrṇam adaḥ pūrṇam idaṁ
pūrṇāt pūrṇam udacyate
pūrṇasya pūrṇam ādāya
pūrṇam evāvaśiṣyate

oṁ : le Tout Complet ; *pūrṇam :* parfaitement complet ; *adaḥ :* cela ; *pūrṇam :* parfaitement complet ; *idam :* ce monde phénoménal ; *pūrṇāt :* de l'infiniment parfait ; *pūrṇam :* unité complète en elle-même ; *udacyate :* est produite ; *pūrṇasya :* du Tout Complet ; *pūrṇam :* absolument tout ; *ādāya :* ayant été enlevé ; *pūrṇam :* le reste, entier ; *eva :* même si ; *avaśiṣyate :* demeure.

Dieu, la Personne Suprême, est parfait et complet, et Sa perfection étant totale, tout ce qui émane de Lui, comme le monde phénoménal, constitue également une totalité complète en elle-même. Tout ce qui provient du Tout est un tout en soi, et parce que Dieu est le Tout Complet, Il demeure entier, bien que d'innombrables unités, complètes elles aussi, émanent de Lui.

TENEUR ET PORTÉE: Le Tout Complet, que l'on appelle aussi la Vérité Absolue, est Dieu, la Personne Suprême complète en Elle-même. Il est *sac-cid-ānanda-vigraha,* c'est-à-dire qu'Il est éternel *(sat),* qu'Il possède la connaissance *(cit)* et la félicité *(ānanda)* absolues, et qu'Il est doté d'une forme *(vigraha)*. Le premier pas vers la réalisation spirituelle consiste à devenir conscient de la nature éternelle *(sat)* de l'Absolu. Or cette réalisation est celle de l'éclat impersonnel de Dieu (Brahman), et elle n'est que partielle. La seconde étape consiste à prendre conscience de l'éternité *(sat)* et de l'omniscience *(cit)* de la Vérité Absolue. Toutefois, cette réalisation, qui est celle de l'Âme Suprême (Paramātmā), est elle aussi incomplète. On ne réalise le Tout dans Son intégralité et sous tous Ses aspects que lorsqu'on prend conscience de tous les attributs absolus de Dieu, la Personne Suprême (Bhagavān), tels qu'ils se manifestent dans une forme *(vigraha)* éternelle *(sat)*, possédant la connaissance *(cit)* et la félicité *(ānanda)* totales. Ainsi, le Tout Complet n'est pas dépourvu de forme. S'Il était sans forme, ou inférieur à ce qu'Il a créé sous quelque aspect que ce soit, Il ne serait pas complet. Le Tout doit tout inclure, tant ce qui est à notre portée que ce qui dépasse notre entendement, sans quoi Il serait incomplet.

Les innombrables énergies émanant du Tout, de Dieu dans Sa Personnalité, sont aussi complètes que Lui. Le monde phénoménal est donc également complet en lui-même, et les vingt-quatre éléments dont il n'est qu'une manifestation temporaire, sont conçus pour produire tout ce qui est nécessaire au maintien et à la subsistance de l'univers ; ce processus ne requiert aucune autre intervention. L'univers a sa propre échelle de temps déterminée par l'énergie spirituelle et une fois son cycle terminé, cette manifestation temporaire sera anéantie, toujours selon les desseins de Dieu, le Tout Complet.

Les êtres vivants, fragments du Tout, infimes mais complets en euxmêmes, ont toutes les possibilités de réaliser Dieu, et tous les manques qu'ils éprouvent ne viennent que d'une connaissance imparfaite du Tout. De toutes les espèces vivantes, c'est le genre humain qui possède la conscience la plus complète, et l'on n'obtient ce corps privilégié qu'après avoir parcouru le cycle des morts et des renaissances à travers les 8 400 000 formes de vie existant dans l'univers. Si l'homme ne profite pas de son haut niveau de conscience pour réaliser sa plénitude en rapport avec le Tout, cette occasion exceptionnelle sera perdue et les lois de la nature matérielle le replongeront dans le cycle de l'évolution d'une espèce à l'autre. Ignorant que la nature est déjà parfaitement organisée pour satisfaire tous nos besoins, nous nous efforçons d'en utiliser les ressources pour nous façonner une existence prétendument parfaite de plaisirs matériels. Cette vie trompeuse centrée sur le plaisir des sens est illusoire, car l'être vivant ne peut pas même jouir de la vie matérielle sans être en communion avec le Tout. La main doit être unie au corps pour être une unité complète ; qu'on la sépare du corps et, bien qu'elle ressemble encore à une main, elle ne pourra plus en remplir aucune des fonctions. Il en va de même pour les êtres vivants ; ils sont des parties intégrantes du Tout Complet, et s'ils s'en écartent, ils n'ont de la plénitude que des reflets illusoires, incapables de les satisfaire.

La vie humaine n'atteint sa plénitude que lorsqu'on la met au service du Tout. Toute forme de service, que ce soit à l'échelle familiale, sociale, nationale, internationale ou même interplanétaire, restera incomplète tant qu'elle ne sera pas en parfaite harmonie avec le Tout Complet. Et quand tout se trouve rattaché à Dieu, les parties intégrantes du Tout deviennent à leur tour complètes.

Mantra Un

ईशावास्यमिदँ सर्वं यत्किञ्च जगत्यां जगत् ।
तेन त्यक्तेन भुञ्जीथा मा गृधः कस्य स्विद्धनम् ॥

īśāvāsyam idaṁ sarvaṁ
yat kiñca jagatyāṁ jagat
tena tyaktena bhuñjīthā
mā gṛdhaḥ kasya svid dhanam

īśa : du Seigneur ; *āvāsyam :* sous la domination ; *idam :* ceci ; *sarvam :* tout ; *yat kiñca :* quoi que ce soit ; *jagatyām :* dans l'univers ; *jagat :* tout ce qui est animé ou inanimé ; *tena :* par Lui ; *tyaktena :* la part assignée ; *bhuñjīthāḥ :* tu dois accepter ; *mā :* ne pas ; *gṛdhaḥ :* essayer d'acquérir ; *kasya svit :* de quelqu'un d'autre ; *dhanam :* les biens.

De tout ce qui existe en cet univers, de l'animé comme de l'inanimé, le Seigneur est maître et possesseur. Chacun doit donc prendre uniquement la part qui lui est assignée, sachant bien à qui tout appartient.

TENEUR ET PORTÉE: La connaissance védique est infaillible car elle est transmise par une filiation spirituelle authentique dont le Seigneur est l'origine. La source de ce savoir est transcendantale puisqu'Il en formula Lui-même les prémices. Ces paroles du Seigneur sont *apauruṣeya,* car Celui qui les a émises n'appartient pas à l'univers matériel. Tout être vivant en ce monde a quatre imperfections : 1) il est doté de sens imparfaits, 2) il est astreint à l'illusion, 3) il est sujet à l'erreur, 4) il est porté à tromper autrui. Ces quatre imperfections l'empêchent de donner une connaissance parfaite. Mais les *Vedas* ne viennent pas d'un être aussi imparfait. À l'origine, Brahmā, le premier être créé, reçut de Dieu Lui-même la connaissance des *Vedas* en son cœur ; il la transmit à ses fils et à ses disciples, qui la perpétuèrent à travers les âges.

Contrairement aux êtres vivants et aux objets inanimés, le Seigneur étant *pūrṇam* (infiniment parfait), Il ne peut être sujet aux lois de la nature matérielle dont Il est Lui-même le législateur. L'*Īśopaniṣad,* qui est une partie du *Yajur Veda,* traite du droit de propriété divin sur tout ce qui est, droit confirmé dans le septième chapitre de la *Bhagavad-gītā* (7.4–5) où sont définies la *parā* et l'*aparā prakṛti.* Les éléments de la nature, soit la terre, l'eau, le feu, l'air, l'éther, le mental, l'intelligence et l'ego matériel, appartiennent tous à l'énergie inférieure du Seigneur *(aparā-prakṛti)* qu'on appelle également l'énergie matérielle, tandis que l'âme spirituelle, le principe vital, constitue Son énergie supérieure *(parā-prakṛti).* Ces énergies *(prakṛtis)* émanent toutes deux du Seigneur, qui est donc le maître ultime de tout ce qui existe. Il n'est rien dans l'univers qui n'appartienne pas à la *prakṛti,* qu'elle soit *parā* ou *aparā,* et par conséquent, tout est la propriété de l'Être Suprême.

L'Être Suprême, Dieu, la Personne Absolue, étant en tout point complet, Il possède une intelligence parfaite et totale grâce à laquelle Il peut tout organiser par la voie de Ses diverses puissances. On compare souvent l'Être Suprême au feu, et tout ce qui existe, l'organique comme l'inorganique, à la chaleur et à la lumière du feu. De même que le feu dispense son énergie sous forme de chaleur et de lumière, le Seigneur déploie Ses énergies de diverses façons. Il demeure ainsi le maître et le soutien ultime de tout ce qui est. Il est omniscient, tout-puissant et le bienfaiteur de tous. Il détient à leur plus haut degré de perfection la puissance, la gloire, la beauté, la fortune, le savoir et le renoncement.

Soyons donc assez intelligents pour comprendre qu'excepté le Seigneur, nul ne possède quoi que ce soit. Par conséquent, il ne faut accepter que la part qu'Il nous a assignée. La vache, par exemple, donne du lait mais ne le boit pas ; elle mange de l'herbe et du foin, et son lait est destiné à nourrir les humains car tel est le dessein du Seigneur. Nous devons nous satisfaire des choses qu'Il nous a accordées sans jamais oublier à qui appartient en réalité tout ce dont nous disposons.

Prenons comme autre exemple la maison où nous habitons. Si nous regardons les choses du point de vue de l'*Īśopaniṣad,* nous devons reconnaître que nous n'avons créé aucune des matières premières (bois, pierre, fer, etc.) ayant servi à sa construction ; nous n'avons fait que modifier leur forme originelle et les assembler par notre travail. Or, l'ouvrier peut-il se dire le propriétaire d'un objet parce qu'il a travaillé dur à le façonner ?

La société souffre d'incessants conflits entre prolétaires et capitalistes qui, arrivés à un niveau international, mettent le monde en danger. Les hommes s'affrontent comme chiens et chats. La *Śrī Īśopaniṣad* ne peut aider des chiens ou des chats ; transmise par les purs *ācāryas,* c'est à l'homme véritable qu'elle donne le message de Dieu. La race humaine doit donc tirer parti de la sagesse qu'elle enseigne et cesser de se battre pour des possessions matérielles. Il faut se contenter des privilèges que le Seigneur nous octroie dans Sa miséricorde. Nulle paix n'est possible aussi longtemps que communistes, capitalistes ou tout autre parti se diront propriétaires des ressources naturelles qui, en fait, n'appartiennent qu'à Dieu.

Le capitaliste ne peut pas subjuguer le communiste par de simples manœuvres politiques, pas plus que le communiste ne peut vaincre le capitaliste simplement en combattant pour le pain volé. Si l'un et l'autre ne reconnaissent pas le droit de propriété absolu de la Personne Suprême, tout ce qu'ils clament comme leur appartenant est en fait volé et ils seront passibles de châtiment par les lois de la nature. La bombe atomique est entre les mains des communistes comme des capitalistes, et s'ils se refusent à reconnaître le droit de propriété du Seigneur Suprême, il est évident qu'un jour ou l'autre, elle détruira les deux partis. S'ils veulent être épargnés et donner la paix au monde, il leur faut suivre les enseignements de la *Śrī Īśopaniṣad*.

Les hommes ne sont pas faits pour se quereller comme chiens et chats. Ils doivent être assez clairvoyants pour réaliser l'importance de l'existence humaine et en comprendre le but. La littérature védique est destinée aux hommes, pas aux animaux. Pour se nourrir, un animal peut en tuer un autre, sans que ce soit un péché ; mais si un homme abat un animal pour le seul plaisir de ses papilles gustatives incontrôlées, il est responsable d'avoir brisé les lois de la nature et doit être puni en conséquence.

Il y a certaines normes à respecter pour les êtres humains, mais qui ne s'appliquent pas aux animaux. Si le tigre ne mange ni riz, ni blé et ne boit pas de lait, c'est qu'il est fait pour se nourrir de chair animale. Ainsi, certains animaux sont herbivores et d'autres carnivores, mais aucun d'entre eux ne transgresse les lois de la nature, qui ont été établies par la volonté du Seigneur. Tous les représentants de la gent animale — mammifères, oiseaux, reptiles et autres — respectent rigoureusement les lois de la nature et ne commettent donc nul péché ; par conséquent, les enseignements védiques ne leur sont pas destinés. Seule la vie humaine comporte des responsabilités.

Toutefois, il ne faudrait pas se croire en parfaite harmonie avec les lois de la nature simplement parce qu'on a adopté un régime végétarien ; les végétaux sont aussi des êtres vivants. Une forme de vie doit en nourrir une autre, telle est la loi de la nature. Être un végétarien strict ne doit pas être un sujet de fierté ; ce qui importe, c'est de reconnaître Dieu comme le possesseur suprême. La conscience des animaux n'est pas suffisamment développée pour qu'ils se rendent compte de l'existence du Seigneur Suprême, mais l'être humain, lui, est assez intelligent pour comprendre, à la lumière des Écritures védiques, comment fonctionnent les lois de la nature, et en retirer de grands bénéfices. L'homme s'expose à de grands risques en négligeant les enseignements védiques ; il est donc essentiel pour lui de reconnaître la souveraineté du Seigneur et de devenir Son dévot.

Dans la *Bhagavad-gītā* (9.26), le Seigneur dit clairement qu'Il accepte les aliments végétariens que Lui offrent Ses purs dévots. Par suite, l'homme doit non seulement devenir végétarien, mais doit aussi devenir un dévot du Seigneur. Il doit servir Dieu avec amour et Lui offrir tous ses aliments pour n'en partager que les reliefs, appelés *prasāda,* la miséricorde de Dieu. Seul celui qui agit ainsi s'acquitte convenablement de ses responsabilités humaines. Celui qui n'offre pas sa nourriture au Seigneur ne mange que du péché et s'expose à toutes sortes de malheurs, conséquences de ses actes coupables. (*Bhagavad-gītā*, 3.13)

La racine du péché est la désobéissance délibérée aux lois de la nature, manifestée par le refus de reconnaître le droit de propriété absolu du Seigneur. La transgression des lois de la nature, de l'ordre du Seigneur, entraîne la ruine de l'homme. Au contraire, si l'on est sensé, si l'on connaît les lois de la nature, et si l'on reste libre de l'attachement comme de l'aversion, on est certain de retrouver la considération du Seigneur et de devenir digne de retourner vers Lui, dans Son royaume éternel.

Mantra Deux

कुर्वन्नेवेह कर्माणि जिजीविषेच्छतँ समाः ।
एवं त्वयि नान्यथेतोऽस्ति न कर्म लिप्यते नरे ॥

kurvann eveha karmāṇi
jijīviṣec chataṁ samāḥ
evaṁ tvayi nānyatheto 'sti
na karma lipyate nare

kurvan : en faisant continuellement ; *eva :* ainsi ; *iha :* au cours de cette vie ; *karmāṇi :* l'action ; *jijīviṣet :* on peut désirer vivre ; *śatam :* cent ; *samāḥ :* années ; *evam :* en vivant ainsi ; *tvayi :* à toi ; *na :* aucune ; *anyathā :* alternative ; *itaḥ :* de cette voie ; *asti :* il y a ; *na :* ne pas ; *karma :* l'action ; *lipyate :* peut être lié ; *nare :* pour l'homme.

L'homme peut espérer vivre plusieurs centaines d'années s'il agit continuellement selon ce principe, car de tels actes ne l'enchaîneront pas à la loi du karma. Il n'existe pour lui aucune autre alternative.

TENEUR ET PORTÉE: Personne ne veut mourir ; chacun désire au contraire vivre le plus longtemps possible. On trouve cette tendance chez l'individu, mais aussi à l'échelle de la famille, de la société et de la nation. Toutes les espèces vivantes doivent mener un dur combat pour leur survie, et les *Vedas* considèrent cela comme tout à fait naturel. Par nature, l'être vivant est éternel, mais son emprisonnement dans la matière le force à passer d'un corps à un autre ; cette transmigration de l'âme est due au *karma-bandhana,* « l'enchaînement à ses propres actions ». En raison des lois de la nature, l'homme doit travailler pour vivre, mais s'il le fait sans tenir compte des devoirs inhérents à la forme humaine, il transgresse ces lois, avec pour effet de s'enliser encore plus profondément dans le cycle des morts et des renaissances à travers les multiples espèces.

Toutes les espèces vivantes sont soumises à ces morts et à ces naissances répétées, mais lorsque l'être obtient une forme humaine, il a la possibilité d'échapper aux chaînes du *karma.* La *Bhagavad-gītā* nous explique de façon claire ce qu'il faut entendre par les mots *karma, vikarma* et *akarma. Karma* désigne les actes accomplis en accord avec les devoirs que nous prescrivent les Écritures. *Vikarma* désigne les actes qui résultent d'un mauvais usage de notre libre arbitre et nous orientent vers des formes de vie inférieures. Et *akarma* désigne les actes qui nous libèrent de l'engrenage des morts et des renaissances.

De ces trois façons d'agir, l'homme intelligent choisira celle qui lui permet de se défaire des liens du *karma.* Le commun des hommes désire accomplir des actes méritoires afin que sa vertu reconnue lui donne d'être élevé en ce monde ou dans les planètes édéniques. Mais l'homme plus évolué, l'homme d'intelligence, cherche à agir de façon à s'affranchir des conséquences de tout acte, car il sait très bien que bonnes ou mauvaises, ses actions l'enchaînent également à la souffrance matérielle. La *Śrī Īśopaniṣad* lui enseigne donc ici le mode d'action libérateur qui le sauvera des répercussions de tout acte, bon ou mauvais.

Les enseignements de la *Śrī Īśopaniṣad* se trouvent développés dans la *Bhagavad-gītā,* qu'on appelle également la *Gītopaniṣad,* c'est-à-dire la quintessence de toutes les *Upaniṣads.* Dans la *Bhagavad-gītā* (3.9–16), Dieu, la Personne Suprême, déclare qu'il est impossible d'atteindre le stade du *naiṣkarma,* ou *akarma,* sans remplir les devoirs que nous assignent les Textes védiques. Ces Écritures peuvent régler les activités de chacun de manière à lui faire réaliser progressivement la souveraineté de l'Être Suprême, Kṛṣṇa ; la connaissance parfaite, positive, est la réalisation de cette suprématie. Dans un tel état de pureté, les trois *guṇas* (la Vertu, la Passion et l'Ignorance) n'affecteront plus l'homme, qui pourra désormais situer ses actes au niveau du *naiṣkarma,* où nul ne s'enchaîne plus au cycle des morts et des renaissances.

En fait, l'homme n'a pas d'autre devoir que de servir le Seigneur avec amour et dévotion. Cependant, à un niveau de conscience inférieur, on ne peut, dès l'abord, se consacrer aux activités dévotionnelles et cesser complètement d'agir pour soi-même. L'âme conditionnée a l'habitude d'agir toujours pour son plaisir et son propre intérêt, que ce soit au niveau égoïstement personnel, ou étendu à la famille et à la nation. Quand le principe de la jouissance matérielle dépasse l'individu pour s'étendre à la société, à la nation ou à l'humanité entière, il prend différents noms flatteurs tels qu'altruisme, socialisme, communisme, nationalisme, humanitarisme, etc. Ces « ismes » sont certainement des formes très attirantes de *karma-bandhana* (enchaînement karmique), mais la *Śrī Īśopaniṣad* enseigne que si l'on tient à servir leur cause, on doit le faire en plaçant Dieu au centre. Il n'y a pas de mal à être chef de famille, ou à être altruiste, socialiste, communiste, patriote ou philanthrope, pourvu que ces rôles soient remplis selon le principe de l'*īśāvāsya,* en faisant de Dieu, l'*īśa,* le centre de toute action.

La *Bhagavad-gītā* (2.40) dit que les actes centrés sur Dieu ont tant de prix que le moindre d'entre eux protège du pire des dangers, celui de replonger dans le tourbillon des morts et des renaissances, en évoluant parmi les 8400 000 espèces. Si, d'une façon ou d'une autre, l'homme laisse échapper l'occasion que lui donne sa forme humaine de réaliser Dieu et retombe dans le cycle d'évolution des espèces, il subit la plus grande des infortunes, même si ses sens imparfaits l'empêchent de s'en rendre compte. La *Śrī Īśopaniṣad* nous conseille donc d'utiliser nos énergies selon le principe de l'*īśāvāsya.* On peut entretenir ainsi l'espoir de vivre de longues années tandis que sans cet état d'esprit, une longue vie n'a aucune valeur. Les arbres jouissent d'une grande longévité, mais quel intérêt y a-t-il à vivre aussi longtemps que les arbres, à respirer aussi fort qu'un soufflet de cheminée, à procréer comme un chien ou à manger comme un chameau ? Une vie humble et centrée sur Dieu vaut bien mieux que la colossale imposture que représente une existence dédiée à un altruisme ou un socialisme athées. Mais les activités altruistes accomplies dans l'esprit *īśāvāsya* de la *Īśopaniṣad* constituent une forme du *karma-yoga* préconisé dans la *Bhagavad-gītā* (18.5–9), car elles protègent leur auteur du danger que représente le cycle d'évolution des espèces au cours de morts et de renaissances successives. Les actes centrés sur Dieu, même s'ils ne sont pas menés à terme, sont tout de même profitables, car ils assurent à celui qui les accomplit une forme humaine dans sa prochaine existence, lui donnant une nouvelle chance de progresser sur le sentier de la libération spirituelle.

Le *Bhakti-rasāmṛta-sindhu* de Śrīla Rūpa Gosvāmī, que nous avons publié sous le nom de « Nectar de la Dévotion », traite en détail des actes centrés sur Dieu. Nous le recommandons à tous ceux qui désirent agir dans l'esprit de la *Śrī Īśopaniṣad*.

Mantra Trois

असुर्या नाम ते लोका अन्धेन तमसावृताः ।
ताँस्ते प्रेत्याभिगच्छन्ति ये के चात्महनो जनाः ॥

asuryā nāma te lokā
andhena tamasāvṛtāḥ
tām̐s te pretyābhigacchanti
ye ke cātma-hano janāḥ

asuryāḥ : destinées aux *asuras ; nāma :* connues du nom de ; *te :* ces ; *lokāḥ :* planètes ; *andhena :* l'ignorance ; *tamasā :* l'obscurité ; *āvṛtāḥ :* voilées par ; *tān :* là ; *te :* ils ; *pretya :* après la mort ; *abhigacchanti :* vont sur ; *ye :* quiconque ; *ke :* tous ; *ca :* et ; *ātma-hanaḥ :* ceux qui tuent l'âme ; *janāḥ :* les personnes.

Celui qui « tue » l'âme, quel qu'il soit, ira sur ces planètes dites mondes des infidèles, où règnent l'ignorance et les ténèbres.

TENEUR ET PORTÉE: La vie humaine se distingue de celle des animaux par de plus lourdes responsabilités. On appelle *suras* (personnes saintes) ceux qui prennent conscience de ces responsabilités et les assument, et *asuras* (mécréants), ceux qui les négligent ou même les ignorent. Tout être humain se classe dans l'une ou l'autre catégorie. Le *Ṛg Veda* déclare que les *suras* ont pour unique but d'atteindre les pieds pareils-au-lotus de Viṣṇu, le Seigneur Suprême, et la voie qu'ils suivent est aussi lumineuse que la voie du soleil.

L'homme intelligent doit toujours se rappeler que la forme humaine ne s'obtient qu'après d'innombrables transmigrations de l'âme sur une période de plusieurs millions d'années. On compare parfois l'univers matériel à un océan, et le corps à un solide vaisseau conçu pour le traverser. Les Écritures védiques et les *ācāryas* jouent le rôle de capitaines expérimentés, et les avantages qu'offre la forme humaine sont les vents favorables qui aident le navire à voguer paisiblement vers sa destination. Celui qui, malgré de tels atouts, ne profite pas pleinement de la forme humaine pour réaliser son moi spirituel, est un *ātma-hana,* un « assassin de l'âme ». Son destin, nous dit l'*Īśopaniṣad,* est de s'enfoncer dans les régions les plus ténébreuses de l'ignorance pour y souffrir interminablement.

Les besoins vitaux du porc, du chien, du chameau, de l'âne et autres animaux ont autant d'importance pour eux que pour nous les nôtres, mais ils doivent être satisfaits dans les conditions les plus déplaisantes ; l'être humain, au contraire, se voit offrir par la nature toutes facilités pour vivre de façon agréable, tout simplement parce que la vie humaine est plus importante que la vie animale. Pourquoi l'homme aurait-il une existence plus plaisante que les animaux ? Pourquoi un agent haut placé du gouvernement jouit-il de plus grands privilèges qu'un simple employé ? Pour la simple raison qu'occupant un poste plus élevé, il a des devoirs plus importants à remplir, tout comme l'homme a des responsabilités plus lourdes que celles de l'animal, lequel n'a d'autre souci que de remplir un estomac vide.

Et pourtant si l'on propose à l'homme moderne, dit « civilisé », de s'intéresser à la vie spirituelle, il répondra qu'il travaille uniquement à remplir son estomac et qu'un affamé n'a nul besoin de réaliser son identité spirituelle. Il n'est rien d'autre, en fait, qu'un animal raffiné. La civilisation qu'il a créée, non seulement « tue » l'âme, mais n'a fait qu'accroître les problèmes de la faim ; les lois de la nature sont si intransigeantes que malgré son désir de travailler dur pour les besoins de l'estomac, il y a constamment au-dessus de sa tête la menace du chômage. Cette forme humaine ne nous est pas donnée pour peiner comme l'âne ou le chameau, mais bien pour nous permettre d'atteindre la plus haute perfection. Si nous ne nous préoccupons pas de réalisation spirituelle, la nature nous forcera bon gré mal gré à travailler très dur. À l'époque où nous vivons, l'homme se voit contraint de peiner comme une bête de somme. La *Śrī Īśopaniṣad* nous révèle en quels endroits les *asuras* sont envoyés pour souffrir : si l'homme ne remplit pas les devoirs que lui confère sa forme humaine, il devra transmigrer sur des planètes dites *asurya,* où tous les êtres, sous des formes dégénérées, luttent pour survivre dans l'ignorance et les ténèbres.

Par contre, la *Bhagavad-gītā* (6.41–43) nous apprend que tous ceux qui, malgré un effort sincère pour réaliser leur relation avec Dieu, ne poursuivent pas leur chemin jusqu'au bout, obtiendront de renaître dans une famille de *śuci* (*brāhmaṇa* spirituellement élevé) ou *śrīmat* (*vaiśya* adonné au négoce). Ainsi, si celui qui n'est pas parvenu à la réalisation spirituelle se voit attribuer une meilleure chance encore dans sa vie suivante, en raison de ses efforts sincères, que dire du résultat obtenu par celui qui y est arrivé. Mais ceux qui ne se donnent pas même la peine de faire cet effort et désirent demeurer dans l'illusion, qui sont trop matérialistes et trop attachés aux plaisirs de ce monde, ceux-là, comme le confirment les Écritures védiques, doivent descendre dans les régions infernales. Ces *asuras* font parfois montre de religion, mais leur but ultime est la prospérité matérielle. La *Bhagavad-gītā* (16.17–18) dénonce ces hommes en les qualifiant d'*ātma-sambhāvitas,* grands seulement par la force de leurs mystifications, de leurs richesses et des votes des ignorants. Ces *asuras* n'ont aucune réalisation spirituelle et aucune connaissance de l'*īśāvāsya,* le titre de propriété universelle du Seigneur ; ils sont assurés de sombrer dans les régions du monde les plus obscures.

Nous pouvons conclure de tout cela que le but de la forme humaine n'est pas simplement de résoudre sur des bases instables ses problèmes économiques, mais d'apporter une solution définitive à tous les problèmes de l'existence matérielle que nous imposent les lois de la nature.

Mantra Quatre

अनेजदेकं मनसो जवीयो
नैनद्देवा आप्नुवन् पूर्वमर्षत् ।
तद्धावतोऽन्यानत्येति तिष्ठत्
तस्मिन्नपो मातरिश्वा दधाति ॥

anejad ekaṁ manaso javīyo
nainad devā āpnuvan pūrvam arṣat
tad dhāvato 'nyān atyeti tiṣṭhat
tasminn apo mātariśvā dadhāti

anejat : établi ; *ekam :* un ; *manasaḥ :* que la pensée ; *javīyaḥ :* plus rapide ; *na :* ne pas ; *enat :* ce Seigneur Suprême ; *devāḥ :* les *devas* comme Indra, etc. ; *āpnuvan :* peuvent approcher ; *pūrvam :* devant ; *arṣat :* se mouvant rapidement ; *tat :* Il ; *dhāvataḥ :* ceux qui courent ; *anyān :* les autres ; *atyeti :* surpasse ; *tiṣṭhat :* demeurant en un endroit ; *tasmin :* en Lui ; *apaḥ :* eau ; *mātariśvā :* les *devas* chargés du vent et de la pluie ; *dadhāti :* pourvoient.

Bien qu'Il ne quitte jamais Son royaume, Dieu est plus rapide que la pensée ; nul n'est aussi prompt que Lui, et même les puissants devas qui pourvoient l'air et la pluie ne peuvent L'approcher ; Il les gouverne tous sans même avoir à Se déplacer. Sa perfection est sans égale.

TENEUR ET PORTÉE: Même les plus grands philosophes ne parviendront pas à connaître Dieu, la Personne Absolue, à travers leurs systèmes spéculatifs ; seuls les dévots auxquels Il accorde Sa grâce peuvent L'approcher. La *Brahma-saṁhitā* (5.34) l'enseigne : s'ils ne sont pas dévots, les philosophes auront beau parcourir l'espace pendant des millions d'années à la vitesse du vent ou de la pensée, ils se trouveront encore infiniment loin de la Vérité Absolue. La *Brahma-saṁhitā* (5.37) continue en disant que Dieu, la Personne Suprême, demeure dans un royaume transcendantal connu sous le nom de Goloka où Il Se divertit éternellement. Mais par Sa puissance inconcevable, Il peut simultanément être présent dans toutes les parties de Sa création. Le *Viṣṇu Purāṇa* compare cette puissance à la lumière et la chaleur du feu. Tout comme le feu peut répandre chaleur et lumière dans toutes les directions à partir d'un seul point, Dieu, la Personne Absolue, peut diffuser partout Ses différentes énergies, même s'Il réside en permanence dans Son royaume spirituel. Les énergies du Seigneur sont innombrables, mais on peut les regrouper en trois catégories principales : la puissance interne, la puissance marginale et la puissance externe, chacune d'entre elles se partageant à son tour en une multitude de subdivisions. Tous les êtres, les animaux, les hommes et jusqu'aux grands *devas* dotés du pouvoir de commander aux divers phénomènes naturels (le vent, la lumière, la pluie, etc.), sont des manifestations de la puissance marginale du Seigneur. L'univers matériel, lui, est créé par la puissance externe du Seigneur, et le monde spirituel, où Il siège en personne, est la manifestation de Sa puissance interne.

Les différentes énergies du Seigneur se manifestent donc partout. Cependant, bien qu'il n'y ait aucune différence entre Ses énergies et Lui-même, ne commettons pas l'erreur de les prendre pour la Vérité Absolue et de croire que le Seigneur Suprême S'éparpille de façon impersonnelle à travers toute la création ou qu'Il perd Son individualité. L'homme est porté à tirer des conclusions en fonction de sa capacité intellectuelle, mais Dieu dépasse notre entendement limité. Aussi les *Upaniṣads* nous préviennent-elles que personne ne peut atteindre le Seigneur grâce à ses seules facultés mentales.

Dans la *Bhagavad-gītā* (10.2), le Seigneur dit que même les *suras* (hommes de vertu) ou les grands *ṛṣis* (sages) ne peuvent Le concevoir.

Que dire alors des *asuras,* déjà incapables de comprendre les voies du Seigneur. Ce *mantra* de la *Śrī Īśopaniṣad* indique très clairement que sous Son aspect ultime, la Vérité Absolue est une personne, une Personne Absolue ; dans le cas contraire, il aurait été inutile de donner tant de détails révélant Ses traits personnels.

Les infimes parcelles du Seigneur, bien que pourvues des mêmes caractéristiques que Lui, ne possèdent qu'un champ d'action restreint, et par conséquent, sont très limitées ; la partie ne peut jamais être égale au tout. C'est pourquoi les minuscules êtres vivants ne peuvent concevoir dans sa juste valeur la puissance infinie de Dieu. Certains êtres ignorants et insensés, sous l'empire de l'énergie matérielle, tentent de conjecturer sur la position transcendantale du Seigneur. Mais la *Śrī Īśopaniṣad* les prévient de la futilité de telles élucubrations sur l'identité du Seigneur Suprême. C'est auprès de Dieu Lui-même, la source suprême des *Vedas,* qu'il faut s'informer de la Transcendance, car Lui seul la connaît dans son intégralité.

Chaque fragment du Tout Complet est investi d'une énergie particulière lui permettant d'agir selon la volonté du Seigneur. Mais s'il oublie d'agir ainsi, c'est qu'il est sous l'emprise de *māyā,* l'illusion. C'est pourquoi la *Śrī Īśopaniṣad* nous enjoint dès le début de remplir consciencieusement le rôle qui nous fut assigné par le Seigneur. Cela ne signifie pas, néanmoins, que les âmes distinctes n'aient aucune initiative propre. Parce qu'elles font partie intégrante du Seigneur, elles doivent prendre part à Ses desseins. Si l'être humain fait bon usage de son libre arbitre, ou de sa capacité d'agir, avec intelligence et en comprenant que tout est une manifestation de la puissance du Seigneur, sa conscience originelle, égarée au contact de *māyā,* l'énergie externe, se ravivera.

Toutes nos facultés proviennent du Seigneur, et doivent donc être utilisées pour accomplir Sa volonté. Celui qui adopte cette attitude soumise de service peut seul connaître le Seigneur. La connaissance parfaite suppose la connaissance du Seigneur sous tous Ses aspects, ainsi que la connaissance de Ses pouvoirs et de la manière dont ces pouvoirs agissent selon Sa volonté. Le Seigneur en personne a livré ces enseignements dans la *Bhagavad-gītā,* la quintessence de toutes les *Upaniṣads.*

Mantra Cinq

तदेजति तन्नैजति तद् दूरे तद्वन्तिके ।
तदन्तरस्य सर्वस्य तदु सर्वस्यास्य बाह्यतः ॥

tad ejati tan naijati
tad dūre tad v antike
tad antar asya sarvasya
tad u sarvasyāsya bāhyataḥ

tat : ce Seigneur Suprême ; *ejati :* marche ; *tat :* Il ; *na :* ne pas ; *ejati :* marche ; *tat :* Il ; *dūre :* très loin ; *tat :* Il ; *u :* aussi ; *antike :* très près ; *tat :* Il ; *antaḥ :* à l'intérieur ; *asya :* de ceci ; *sarvasya :* de tout ; *tat :* Il ; *u :* aussi ; *sarvasya :* tout ; *asya :* de ceci ; *bāhyataḥ :* extérieur à.

Le Seigneur Suprême Se meut et ne Se meut pas. Infiniment loin, Il est aussi très proche. Présent en chaque être et en chaque chose, Il est également extérieur à tout ce qui existe.

TENEUR ET PORTÉE: Voici un exemple des actes transcendantaux que le Seigneur Suprême accomplit grâce à Ses pouvoirs inconcevables. Dans ce *mantra,* trois propositions apparemment contradictoires démontrent cette inconcevable puissance, comme par exemple la première : « Il Se meut et ne Se meut pas. » En effet, si quelqu'un marche, il est illogique de dire qu'il ne marche pas, mais appliquées à Dieu, ces contradictions apparentes nous montrent simplement Sa puissance inconcevable. Nos capacités intellectuelles sont si limitées que nous ne pouvons pas appréhender de tels paradoxes ; aussi nous ne concevons le Seigneur qu'en termes de notre compréhension restreinte. L'école *māyāvāda,* par exemple, à laquelle appartiennent les philosophes impersonnalistes, accepte uniquement l'aspect impersonnel de Dieu et rejette Son aspect personnel. Alors que l'école *bhāgavata* des philosophes personnalistes adopte, elle, le concept de Dieu dans Son intégralité et, acceptant Ses puissances inconcevables, comprend qu'Il est simultanément personnel et impersonnel. Les *bhāgavatas* savent que sans ces pouvoirs inconcevables les mots « Seigneur Suprême » n'auraient aucun sens. Gardons-nous de penser, simplement du fait que nous ne pouvons Le voir face à face, que Dieu n'a pas d'existence personnelle. Afin de réfuter ce genre d'argument, la *Śrī Īśopaniṣad* déclare que le Seigneur est à la fois très éloigné et très près de nous. Il habite le monde spirituel ; or, si nous ne pouvons pas même mesurer l'immensité de l'univers, que dire de la distance qui nous sépare de Sa demeure, bien au-delà du monde matériel ? La *Bhagavad-gītā* (15.6) confirme en effet que le monde spirituel se trouve infiniment au-delà du monde matériel. Et pourtant, bien que si éloigné, le Seigneur peut descendre vers nous en un instant, plus vite que le vent ou la pensée. Sa rapidité n'a pas d'égale, comme on l'a vu dans le *mantra* précédent.

Mais, lorsque Dieu apparaît, il arrive que nous ne Le reconnaissions pas. Le Seigneur condamne cette méconnaissance dans la *Bhagavad-gītā* (9.11) où Il dit que les insensés Le raillent lorsqu'Il descend ici-bas, Le prenant pour un simple mortel ; ce qu'Il n'est pas, car le corps qu'Il montre n'est pas un produit de la nature matérielle. Nombreux sont les prétendus érudits qui soutiennent que le Seigneur descend sur terre avec un corps de matière, comme n'importe quel homme. Ces insensés placent le Seigneur au même niveau que l'homme ordinaire, parce qu'ils ignorent Ses pouvoirs inconcevables.

Les incroyants déclarent soit que Dieu ne peut pas du tout apparaître en personne, soit que s'Il le fait, c'est dans un corps constitué d'énergie matérielle. Mais cette hypothèse s'annule automatiquement si l'on reconnaît l'existence des pouvoirs inconcevables de Dieu ; car même s'Il Se manifeste à nous sous forme d'énergie matérielle, il Lui est très facile de la transformer en énergie spirituelle. Ayant toutes deux la même source, ces énergies peuvent être utilisées selon la volonté de leur source commune. Les pouvoirs inconcevables du Seigneur Lui permettent d'accepter notre service par n'importe quel intermédiaire, et Il peut transformer à Son gré Ses énergies. Il apparaît, par exemple, sous la forme de la *mūrti* (aussi appelée *arcā-vigraha)* apparemment faite d'argile, de bois, de pierre ou autres matériaux. Mais ces formes ne sont pas des idoles, comme le soutiennent les iconoclastes.

Au stade où nous sommes, notre vision matérielle est imparfaite et ne nous permet pas de voir le Seigneur Suprême ; mais pour favoriser Ses dévots qui veulent Le voir et leur permettre de Le servir directement, le Seigneur apparaît dans une forme visible à leurs yeux matériels. Cela ne veut pas dire que les néophytes rendent un culte à une idole, c'est Dieu en personne qu'ils adorent, sous un aspect plus accessible. Cette forme *arcā* n'est pas façonnée selon les fantaisies de l'adorateur, c'est la forme éternelle du Seigneur dans toute Son opulence ; cela peut être senti par un *bhakta* sincère et non par un athée.

Dans la *Bhagavad-gītā* (4.11), le Seigneur dit qu'Il agit envers Ses dévots en fonction de leur degré d'abandon à Lui. Il Se réserve le droit de ne pas apparaître à n'importe qui, mais seulement à ceux qui s'abandonnent à Lui. Aussi, est-Il toujours à la portée de l'âme soumise, tandis que pour l'âme rebelle, Il demeure très lointain et toujours hors d'atteinte. On utilise souvent dans les Écritures deux mots très importants pour qualifier le Seigneur : *saguṇa* (avec attributs) et *nirguṇa* (sans attributs). Le mot *saguṇa* ne signifie pas que pour apparaître doté d'attributs visibles, Dieu soit obligé de revêtir une forme matérielle et de S'assujettir aux lois de la nature. Puisque Dieu est la source et le maître de toute énergie, aucune différence n'existe pour Lui entre énergie matérielle et énergie spirituelle. L'énergie matérielle agit selon Ses directives, et Il peut donc l'utiliser comme bon Lui semble, sans devoir, comme nous, en subir les influences. Le mot *nirguṇa* « sans attributs », quant à lui, ne veut pas dire que le Seigneur est dépourvu de forme. Il possède ultimement une forme éternelle, celle du Seigneur primordial, Kṛṣṇa. Et Sa forme impersonnelle, la lumière du Brahman, n'est que l'éclat irradiant de Son corps spirituel, tout comme les rayons du soleil ne sont que l'éclat émanant du *deva* du soleil.

Quand Hiraṇyakaśipu, un grand roi athée, provoqua son fils Prahlāda Mahārāja en s'exclamant : « Où est ton Dieu ? », l'enfant répondit : « Dieu est partout. » Furieux, son père lui demanda s'Il Se trouvait dans l'une des colonnes du palais et Prahlāda acquiesça. Aussitôt, le roi brisa la colonne en morceaux, et de là surgit le Seigneur sous la forme de Nṛsiṁha, l'*avatāra* mi-homme mi-lion, qui mit à mort l'impie. Cette histoire illustre le fait que le Seigneur est présent dans toute Sa création, issue de Ses différentes énergies. Sa puissance inconcevable Lui permet d'apparaître n'importe où pour plaire à Ses dévots sincères. Nṛsiṁha sortit du pilier non sur l'ordre du roi, mais pour répondre au désir du *bhakta* Prahlāda. Un athée ne peut contraindre le Seigneur à apparaître sur son ordre, mais pour montrer Sa bienveillance à un pur dévot, Dieu peut Se manifester n'importe où. La *Bhagavad-gītā* (4.8) le confirme en disant que le Seigneur apparaît pour vaincre les athées et protéger les croyants. Certes, les énergies du Seigneur ainsi que Ses agents célestes suffiraient à vaincre les athées, mais Il descend en personne dans l'univers matériel pour combler Ses dévots, ce qui est en fait Son véritable but. La *Brahma-saṁhitā* (5.35) nous apprend que Govinda, le Seigneur primordial, pénètre toutes choses, l'univers comme l'atome, par l'intermédiaire de Ses émanations plénières. Il Se manifeste extérieurement sous la forme *virāṭa* et intérieurement, sous la forme *antaryāmī*, l'Âme Suprême sise dans le cœur de chaque être. En tant qu'*antaryāmī*, Il est témoin de toutes nos actions et nous en fait récolter les fruits *(karma-phala)*. Nous pouvons nous-mêmes oublier ce que nous avons accompli au cours de nos existences passées, mais parce que le Seigneur en fut témoin, les conséquences de nos actes nous échoient quand même, et nous sommes obligés de les subir.

En vérité il n'y a que Dieu, à l'intérieur comme à l'extérieur. Tout n'est que la manifestation de Ses diverses énergies, comme la chaleur et la lumière qui proviennent du feu, mais ne font qu'un. Malgré cette unicité, le Seigneur jouit de façon infinie de toutes ces joies dont disposent, mais en petite quantité, les êtres infimes émanant de Lui.

Mantra Six

यस्तु सर्वाणि भूतान्यात्मन्येवानुपश्यति ।
सर्वभूतेषु चात्मानं ततो न विजुगुप्सते ॥

yas tu sarvāṇi bhūtāny
ātmany evānupaśyati
sarva-bhūteṣu cātmānaṁ
tato na vijugupsate

yaḥ : celui qui ; *tu :* mais ; *sarvāṇi :* tous ; *bhūtāni :* les êtres vivants ; *ātmani :* en relation avec le Seigneur Suprême ; *eva :* seulement ; *anupaśyati :* observe de façon systématique ; *sarva-bhūteṣu :* en chaque être vivant ; *ca :* et ; *ātmānam :* l'Âme Suprême ; *tataḥ :* par suite ; *na :* ne pas ; *vijugupsate :* hait quiconque.

Celui qui voit tout en relation avec le Seigneur Suprême, qui voit que tous les êtres font partie intégrante du Seigneur et qui voit le Seigneur en tout, celui-là ne hait rien ni personne.

TENEUR ET PORTÉE: Ce *mantra* décrit le *mahā-bhāgavata,* la grande âme qui voit tout en relation avec Dieu, la Personne Suprême. Il existe trois niveaux de perception du Seigneur. Les *kaniṣṭha-adhikārīs,* au niveau le plus bas, se rendent dans le lieu de culte assigné par leur religion (temple, église, mosquée…) afin d'y accomplir les divers rites prescrits par leurs Écritures respectives. Ils croient que le Seigneur n'est présent qu'au lieu du culte et sont incapables de juger du degré de dévotion des autres croyants, ni de discerner qui a réalisé Dieu. Ils suivent des pratiques routinières et se querellent parfois entre eux, estimant tel ou tel culte supérieur à un autre. Ces *kaniṣṭha-adhikārīs* sont des dévots encore très matérialistes qui essaient seulement de dépasser le matériel pour arriver au plan spirituel.

Viennent ensuite les *madhyama-adhikārīs*, dont le niveau de réalisation se situe au second stade. Ils font la distinction entre quatre catégories d'êtres : 1) Dieu, le Seigneur Suprême, 2) les dévots du Seigneur, 3) les innocents, ceux qui n'ont aucune connaissance de Dieu, et 4) les athées sans foi et pleins de haine pour les dévots. Envers chacun d'eux les *madhyama-adhikārīs* adoptent une attitude différente. Ils adorent le Seigneur, considérant qu'Il est le seul objet de leur amour, et se lient d'amitié avec Ses serviteurs ; ils tentent d'éveiller l'amour de Dieu qui dort dans le cœur des innocents, mais ne s'approchent pas des athées, de ceux qui vont jusqu'à se moquer du nom du Seigneur.

Au-dessus du *madhyama-adhikārī* se trouve l'*uttama-adhikārī*, qui lui voit tout en relation avec le Seigneur Suprême. Il ne fait aucune distinction entre le croyant et l'athée, les voyant tous deux comme partie intégrante de Dieu. Il sait qu'en essence aucune différence n'existe entre un *brāhmaṇa* érudit et un chien des rues, car bien qu'enfermés dans des corps différents en raison de leur *karma* respectif, ils sont chacun une infime partie du Seigneur. Parce qu'il sut faire bon usage de l'infime indépendance que le Seigneur lui avait accordée, le premier acquit un corps de *brāhmaṇa* alors que le second, pour avoir mal utilisé cette indépendance, se trouva puni par les lois de la nature et emprisonné dans le corps d'un chien. Sans tenir compte des mérites respectifs du *brāhmaṇa* et de l'animal, l'*uttama-adhikārī* essaie de faire du bien aux deux. Un dévot d'une telle sagesse ne se laisse pas tromper par l'apparence extérieure du corps mais, au contraire, est attiré par l'étincelle spirituelle qui l'anime. Ceux qui imitent l'*uttama-adhikārī* en faisant montre de sentiments de fraternité et de solidarité, mais ne prennent en considération que le corps matériel, sont de faux philanthropes. La vraie notion de fraternité universelle doit être acquise auprès d'un authentique *uttama-adhikārī*, non d'utopistes qui ignorent tout de l'âme distincte et de l'Âme Suprême, l'omniprésente émanation de Dieu.

Ce *mantra* indique clairement qu'il faut « observer », regarder de façon systématique. Le mot *anupaśyati* (*anu*, « suivre » et *paśyati*, « observer ») signifie en effet qu'il ne faut pas voir les choses telles que l'œil nu nous les montre, mais suivre les *ācāryas* d'une authentique lignée et voir par leur intermédiaire. L'œil imparfait ne permet pas de voir les choses telles qu'elles sont ; on ne peut percevoir la vérité que si on la reçoit d'une source supérieure, et la plus haute source de vérité est le savoir védique, émis par le Seigneur Lui-même. Cette vérité fut transmise par une succession de maître à disciple qui, depuis le Seigneur Lui-même, se poursuivit avec Brahmā, Nārada, Vyāsadeva et bien d'autres, jusqu'à nos jours. Aux temps védiques, il n'était pas nécessaire de mettre le message des *Vedas* sous forme écrite, car l'homme, plus intelligent et doué d'une mémoire plus développée qu'aujourd'hui, pouvait assimiler et suivre les instructions données en ne les ayant entendues qu'une seule fois des lèvres d'un maître spirituel authentique.

À l'heure actuelle, il existe de nombreux commentaires sur les Écritures révélées, mais la plupart d'entre eux ne suivent pas la lignée disciplique issue de Śrīla Vyāsadeva qui, le premier, compila la sagesse védique. Son œuvre finale, la plus parfaite et la plus sublime, est le *Śrīmad-Bhāgavatam*, le commentaire naturel du *Vedānta-sūtra*. Ce fut lui, aussi, qui transcrivit la *Bhagavad-gītā*, faite des paroles mêmes du Seigneur. Ce sont là les Écritures les plus importantes, et tout autre commentaire en contradiction avec les principes de la *Bhagavad-gītā* et du *Śrīmad-Bhāgavatam* est dépourvu d'autorité. Les enseignements des *Upaniṣads*, du *Vedānta-sūtra*, des *Vedas*, de la *Bhagavad-gītā* et du *Śrīmad-Bhāgavatam* sont tous en parfaite harmonie. Par conséquent, à moins d'avoir été initié au savoir par un maître de la lignée de Vyāsadeva, croyant en la Personnalité de Dieu et en Ses diverses énergies telles que les décrivent l'*Īśopaniṣad*, personne n'est apte à commenter les *Vedas*.

Selon la *Bhagavad-gītā* (18.54), seul l'homme ayant déjà atteint la libération spirituelle (*brahma-bhūta*) peut devenir un *uttama-adhikārī* et voir tous les êtres vivants comme ses propres frères. Les politiciens cupides d'aujourd'hui ne peuvent avoir cette vision. Même s'ils servent autrui au niveau du corps pour en tirer gloire ou autre avantage matériel, ceux qui ne font qu'imiter l'*uttama-adhikārī* ne rendent aucun service à l'âme spirituelle et n'ont aucune connaissance du monde spirituel. L'*uttama-adhikārī,* pour sa part, voit l'âme dans le corps de chaque être ; et quand il sert son prochain, c'est à elle qu'il s'adresse, comblant du même coup les besoins matériels et spirituels de ses frères.

Mantra Sept

यस्मिन् सर्वाणि भूतान्यात्मैवाभूद्विजानतः ।
तत्र को मोहः कः शोक एकत्वमनुपश्यतः ॥

yasmin sarvāṇi bhūtāny
ātmaivābhūd vijānataḥ
tatra ko mohaḥ kaḥ śoka
ekatvam anupaśyataḥ

yasmin : dans cette situation ; *sarvāṇi :* tous ; *bhūtāni :* les êtres vivants ; *ātmā :* l'étincelle spirituelle ou *cit-kaṇa ; eva :* seulement ; *abhūt :* existe en tant que ; *vijānataḥ :* pour celui qui sait ; *tatra :* en cela ; *kaḥ :* quelle ; *mohaḥ :* illusion ; *kaḥ :* quelle ; *śokaḥ :* angoisse ; *ekatvam :* un en qualité ; *anupaśyataḥ :* pour celui qui voit à travers l'autorité en la matière, ou celui qui voit toujours ainsi.

Celui qui constamment voit en chaque être l'étincelle spirituelle, en qualité identique à Dieu, connaît la vraie nature des choses. Comment l'illusion ou l'angoisse pourraient-elles s'emparer de lui ?

TENEUR ET PORTÉE: Nul autre que le *madhyama-adhikārī* et l'*uttama-adhikārī,* dont nous parlions dans le *mantra* précédent, ne peut connaître avec justesse la nature spirituelle de l'être vivant. De même que le feu et les étincelles qui en jaillissent ne font qu'un en qualité, le Seigneur Suprême et les êtres vivants participent de la même nature. Pourtant, malgré une nature identique, le feu et l'étincelle ne sont pas égaux, car ils ne produisent pas la même intensité de chaleur et de lumière. Le *mahā-bhāgavata,* celui qui s'est entièrement voué à Dieu, voit donc l'unicité dans le sens où il comprend que tout est l'énergie du Seigneur. Il y a unicité, car il n'y a pas de différence entre l'énergie et sa source. Même si, d'un point de vue analytique, la chaleur et la lumière sont distinctes du feu, ce dernier n'existe pas séparé d'elles. Aussi peut-on dire, en faisant la synthèse, que la chaleur, la lumière et le feu ne sont qu'une seule et même chose.

Les mots *ekatvam anupaśyataḥ* utilisés dans ce *mantra* signifient « réaliser l'unicité de tous les êtres à partir de l'enseignement des Écritures révélées ». L'être vivant est une étincelle du Tout, c'est-à-dire de Dieu, et il possède presque 80% des attributs du Tout, mais en infime quantité puisqu'il n'en est qu'une infime partie. Pour user d'une autre analogie, le rapport entre Dieu et les êtres vivants ressemble à celui qui existe entre l'océan et la goutte d'eau. Bien que le sel qu'ils contiennent soit de même composition chimique, la quantité en diffère considérablement. Si l'être distinct était en tout l'égal de Dieu, en quantité comme en qualité, jamais il n'aurait subi l'influence de l'énergie matérielle. On a vu dans les *mantras* précédents, qu'aucun être — pas même les puissants *devas* — ne peut égaler l'Être Suprême, à quelque égard que ce soit. Le terme sanskrit *ekatvam,* dans ce verset, ne suggère donc pas l'égalité totale du Seigneur et de l'être, mais signifie, dans un sens plus large, que leurs intérêts sont communs, comme ceux qui unissent les membres d'une même famille ou les citoyens d'une même nation, malgré la multiplicité des individus. Les intérêts de l'être distinct et ceux de l'Être Suprême sont donc identiques, puisque Dieu et Ses parties intégrantes composent une même famille suprême ; chaque être est le fils de Dieu. La *Bhagavad-gītā* (7.5) enseigne que toutes les créatures de l'univers — non seulement les humains, mais aussi les mammifères, les oiseaux, les reptiles, les poissons, les arbres, etc. — émanent de l'énergie marginale du Seigneur Suprême. On peut donc dire qu'elles appartiennent toutes à la famille du Seigneur, et nulle mésentente ou incompatibilité n'est possible entre elles.

Tout être spirituel est destiné au bonheur, dit le *Vedānta-sūtra*

(1.1.12) : *ānanda-mayo 'bhyāsāt*. De par leur nature et leur constitution, tous les êtres — le Seigneur Suprême aussi bien que tout être émanant de Lui — sont faits pour le bonheur éternel. Tous les êtres emprisonnés dans la matière recherchent constamment le bonheur, mais ils le cherchent au mauvais endroit. Au-delà de la dimension matérielle se trouve la dimension spirituelle, dénuée de tout attribut matériel *(nirguṇa)* et libre des conflits d'intérêts, où l'Être Suprême et Ses innombrables compagnons jouissent d'une félicité éternelle. Dans le monde matériel, les divers individus sont toujours en lutte, car ils ignorent où se trouve le bonheur. Le véritable centre du bonheur est le Seigneur Suprême, cœur de la sublime danse *rāsa*. Nous sommes tous destinés à Le rejoindre et à jouir avec Lui d'une vie libre de tout conflit, axée sur un commun intérêt transcendantal. Quiconque peut comprendre cette harmonie parfaite ne connaîtra plus l'illusion *(moha)* ni la lamentation *(soka)*.

L'illusion engendre une civilisation athée, promise à la lamentation. En raison des lois de la nature, la civilisation que nous offrent les politiciens modernes ne sera jamais qu'un foyer d'angoisse, car elle peut s'effondrer à tout moment. Comme le dit la *Bhagavad-gītā* (7.14), seuls ceux qui s'abandonnent aux pieds pareils-au-lotus du Seigneur Suprême peuvent se soustraire aux dures lois de la nature. Si nous voulons échapper à l'illusion et à l'angoisse, et unifier les désirs de chacun, nous devons centrer toutes nos activités sur Dieu.

Il faut dédier au service du Seigneur les fruits de nos efforts et ne les destiner qu'à cette fin si nous voulons connaître l'*ātma-bhūta* dont parle la *Śrī Īśopaniṣad*. La satisfaction de l'âme, l'*ātma-bhūta* de ce verset, est identique au *brahma-bhūta* de la *Bhagavad-gītā* (18.54). L'*ātmā* suprême est le Seigneur Lui-même, tandis que l'*ātmā* infinitésimal est l'être vivant. L'*ātmā* suprême, le Paramātmā, subvient aux besoins de tous les êtres distincts infimes pour connaître la joie de leur amour, comme un père se multiplie à travers ses enfants et prend soin d'eux pour jouir du plaisir de leur compagnie. Qu'ils soient obéissants, et les rapports familiaux seront très harmonieux, l'atmosphère de la maison agréable, les aspirations communes. Il en est de même au niveau transcendantal de la famille absolue du Parabrahman, l'Être spirituel suprême. Le Parabrahman est une personne au même titre que les êtres distincts ; aucun d'eux n'est impersonnel. Au niveau spirituel, toute personne jouit de la connaissance, de l'éternité et de la félicité absolues. Voilà donc les caractères de l'existence spirituelle, et ceux qui retrouvent la pleine conscience de cette dimension transcendantale s'abandonnent aussitôt aux pieds pareils-au-lotus de l'Être Suprême, Śrī Kṛṣṇa. Mais ces *mahātmās*, ces grandes âmes, sont très rares, car ce n'est qu'après de nombreuses vies que l'on peut atteindre à cette réalisation qui marque la fin de l'illusion, de la détresse, des souffrances issues de l'existence matérielle, et du cycle des morts et des renaissances. Voilà donc ce que nous apprend ce *mantra* de la *Śrī Īśopaniṣad*.

Mantra Huit

स पर्यगाच्छुक्रमकायमव्रण-
मस्नाविरँ शुद्धमपापविद्धम् ।
कविर्मनीषी परिभूः स्वयम्भू-
र्याथातथ्यतोऽर्थान् व्यदधा-
च्छाश्वतीभ्यः समाभ्यः ॥

sa paryagāc chukram akāyam avraṇam
asnāviraṁ śuddham apāpa-viddham
kavir manīṣī paribhūḥ svayambhūr
yāthātathyato 'rthān vyadadhāc
chāśvatībhyaḥ samābhyaḥ

saḥ : cette personne ; *paryagāt* : doit vraiment connaître ; *śukram* : l'omnipotent ; *akāyam* : non incarné ; *avraṇam* : sans reproche ; *asnāviram* : sans veines ; *śuddham* : antiseptique ; *apāpa-viddham* : prophylactique ; *kaviḥ* : omniscient ; *manīṣī* : le philosophe ; *paribhūḥ* : le plus grand de tous ; *svayambhūḥ* : qui Se suffit à Lui-même ; *yāthātathyataḥ* : selon ; *arthān* : les choses désirables ; *vyadadhāt* : accorde ; *śāśvatībhyaḥ* : immémoriaux ; *samābhyaḥ* : les temps.

Celui-là connaît dans toute Sa vérité Dieu, l'Être Suprême non incarné, omnipotent, irréprochable et omniscient, le philosophe qui Se suffit à Lui-même et satisfait les désirs de tous depuis des temps immémoriaux ; nulle veine n'irrigue Son corps et rien ne souille Sa pureté.

TENEUR ET PORTÉE: Ce *mantra* décrit la forme éternelle et transcendantale de Dieu, la Personne Absolue. En effet, le Seigneur Suprême n'est pas dénué de forme. Il possède un corps transcendantal qui n'est en rien comparable à ceux de l'univers matériel. Le corps des êtres ici-bas est formé de matière et fonctionne comme n'importe quelle machine ; sa structure anatomique repose sur un ensemble de mécanismes : fonctions respiratoires, digestives, sanguines... Mais le corps du Seigneur est transcendantal et, comme l'indique ce *mantra,* ne dépend d'aucun système veineux. Et s'il est clairement dit que Dieu est non incarné, c'est qu'aucune différence n'existe entre Son corps et Son âme, et qu'Il n'est pas, comme nous, forcé par les lois de la nature à revêtir un corps matériel. Dans notre situation, l'âme est différente du corps physique et du mental subtil, alors qu'une telle distinction n'existe pas en Dieu. Il est le Tout Complet et Absolu, aussi Son corps, Son mental et Lui-même ne font-ils qu'un.

La nature du Seigneur Suprême est pareillement décrite dans la *Brahma-saṁhitā* (5.1) par les mots *sac-cid-ānanda-vigraha* — « Sa forme est éternelle, elle est la quintessence de l'existence, de la connaissance et de la félicité absolues. » Les Écritures védiques parlent sans équivoque du corps transcendantal de Dieu comme étant totalement différent du nôtre ; c'est la raison pour laquelle on Le dit parfois sans forme. Cela veut dire que Sa forme n'est pas matérielle comme la nôtre et qu'Il ne possède pas de forme concevable par l'homme. La *Brahma-saṁhitā* (5.32) explique en outre que les différentes parties de Son corps peuvent chacune occuper les fonctions des autres. Le Seigneur peut ainsi entendre avec Sa bouche, voir avec Ses mains, accepter des offrandes de nourriture avec Ses yeux, etc. Selon les *śruti-mantras,* Ses bras et Ses jambes, bien que différents des nôtres, Lui permettent de prendre ce que nous Lui offrons et de Se déplacer plus rapidement que quiconque. Ce que ce huitième *mantra* corrobore avec des qualificatifs comme *śukram,* « omnipotent ».

La forme *arcā-vigraha,* intronisée dans le temple par un maître spirituel authentique (réalisé en terme du *mantra* sept) afin d'y être adorée, n'est pas différente de la forme originelle du Seigneur, Śrī Kṛṣṇa.

Celui-ci Se multiplie en effet en un nombre incalculable de formes, tels Baladeva, Rāma, Nṛsiṁha, Varāha, etc., qui toutes sont le même et unique Dieu. L'*arcā-vigraha* adorée dans le temple est, au même titre, une émanation du Seigneur. On peut immédiatement entrer en contact avec Dieu par le culte rendu à Son *arcā-vigraha* qui, grâce à Son omnipotence, accepte le service de Son dévot. L'*arcā-vigraha* « descend » à la requête des *ācāryas,* les saints maîtres, et en vertu de la toute-puissance du Seigneur possède exactement les mêmes pouvoirs d'action que Lui.

Certains, ignorant ces *mantras* de la *Śrī Īśopaniṣad* et les autres *śruti-mantras,* croient sottement que les *bhaktas* rendent un culte à des éléments matériels. À leurs yeux imparfaits, comme à ceux des *kaniṣṭha-adhikārīs,* l'*arcā-vigraha* n'est que matière. Ils sont incapables de comprendre que le Seigneur peut, du fait de Son omniscience et de Son omnipotence, transformer à Son gré la matière en esprit et l'esprit en matière. Dans la *Bhagavad-gītā* (9.11–12), le Seigneur déplore la déchéance de ces ignorants qui, ne sachant rien de Son pouvoir, Le rabaissent à l'état d'homme ordinaire lorsqu'Il descend sur terre. Il ne Se manifeste jamais pleinement à ces ergoteurs, car on ne Le connaît qu'en proportion de notre abandon à Lui. La dégradation de tous ceux qui vivent en ce monde est entièrement due à leur oubli de la relation les unissant à Dieu.

Ce *mantra,* comme bien d'autres *mantras* védiques, dit très clairement que c'est le Seigneur qui, depuis des temps immémoriaux, subvient aux besoins de tous les êtres. L'être connaît diverses aspirations que le Seigneur satisfait selon le mérite de chacun. Celui qui veut devenir magistrat doit non seulement posséder les qualifications requises, mais aussi recevoir sa nomination de l'autorité judiciaire en place. Il ne suffit pas d'avoir les diplômes nécessaires pour occuper un poste, il faut encore qu'un supérieur accorde au candidat sa nomination. De même, à un autre niveau, le Seigneur récompense chaque être selon ses mérites, mais ces mérites en eux-mêmes ne sont pas suffisants ; il doit s'y ajouter la sanction du Seigneur.

Les êtres ne savent généralement pas quoi demander au Seigneur ni quelle position réclamer. Mais quand ils viennent à connaître leur nature intrinsèque, leur position originelle, ils demandent au Seigneur de vivre en Sa compagnie transcendantale afin de Le servir avec amour et dévotion. Malheureusement, ceux qui subissent l'emprise de la matière Lui adressent des requêtes d'un tout autre ordre. La *Bhagavad-gītā* (2.41) dit de l'intelligence matérielle de ces gens qu'elle est dispersée, poursuivant des fins multiples, au contraire de l'intelligence spirituelle, qui tend vers un but unique. Le *Śrīmad-Bhāgavatam* (7.5.30–31) ajoute que ceux qui sont captivés par l'éphémère beauté de l'énergie externe oublient le véritable but de l'existence, qui est de retourner à Dieu. S'efforçant alors seulement d'améliorer leurs conditions de vie, ils élaborent toutes sortes de projets et de plans, mais cela revient à mâcher sans cesse ce qui a déjà été mâché. L'indulgence du Seigneur à leur égard est telle cependant, qu'Il leur permet de faire ce qu'ils désirent, sans jamais contrarier leurs desseins. Ce *mantra* utilise pour cela un mot très approprié, *yāthātathyataḥ,* qui signifie que le Seigneur récompense l'être exactement selon son désir. À qui veut trouver une vie infernale, le Seigneur le permet, comme Il aide celui qui le souhaite à retourner à Lui, dans le monde spirituel.

Le Seigneur est ici nommé *paribhūḥ,* « l'Être Suprême ». Nul ne L'égale, nul ne Lui est supérieur. Les autres êtres sont, selon ce *mantra,* des mendiants en quête de bienfaits que le Seigneur accorde. Si notre puissance égalait celle du Seigneur, si nous étions, comme Lui, omnipotents et omniscients, nous n'aurions nul besoin de mendier auprès de Lui, ni même de Le prier pour une prétendue libération de la matière. La vraie libération consiste à retourner à Dieu ; celle des impersonnalistes n'est qu'un mythe. L'être continuera de mendier ainsi perpétuellement pour son plaisir égoïste jusqu'à ce qu'il retrouve sa raison spirituelle et prenne conscience de sa nature intrinsèque.

Le Seigneur seul Se suffit entièrement à Lui-même. Lorsque Śrī Kṛṣṇa apparut sur terre il y a 5 000 ans, Il fit voir par Ses activités surnaturelles qu'Il était Dieu, la Personne Suprême. Dans Son enfance, Il extermina nombre d'êtres démoniaques et de monstres puissants, tels Aghāsura, Bakāsura et Śakatāsura, alors qu'à un âge encore si tendre, il était impossible qu'Il eût acquis une telle puissance par aucune pratique que ce soit. Il fut capable, par exemple, de soulever la colline Govardhana et n'eut pas besoin pour cela de s'exercer à l'haltérophilie. Il dansa avec les *gopīs* sans souci des convenances, et pourtant sans qu'aucune faute puisse Lui être imputée. En fait, si les relations amoureuses de Kṛṣṇa et des *gopīs* avaient été le fruit de la luxure et n'avaient pas transcendé l'amour matériel, jamais Śrī Caitanya, qui suivait strictement toutes les règles du *sannyāsa,* ne les aurait exaltées.

La *Śrī Īśopaniṣad* confirme ici, avec les termes *śuddham* et *apāpa-viddham,* que le Seigneur est pur et qu'Il ne peut être contaminé. Il est *śuddham* (littéralement « antiseptique ») dans le sens où une chose impure est purifiée à Son seul contact, et *apāpa-viddham* (littéralement « prophylactique »), dans la mesure où Il protège de toute souillure ceux qui entrent en contact avec Lui. La *Bhagavad-gītā* (9.30–31) explique qu'à ses débuts un *bhakta* peut sembler faire de constants écarts *(su-durācāra),* mais on doit le considérer comme pur car il est engagé sur la voie juste. Telle est l'une des manifestations de la nature « prophylactique » du Seigneur. Un autre aspect de cette qualité est que Dieu ne peut être touché par le péché ; chacun de Ses gestes est vertueux, même s'ils peuvent parfois sembler immoraux. Parce qu'Il est *śuddham,* « antiseptique », c'est-à-dire qu'Il demeure pur en toutes circonstances et purifie tout objet impur, on compare le Seigneur au soleil, lequel reste pur tout en asséchant les pires endroits et en stérilisant les choses les plus immondes. Or, si le soleil, simple corps matériel, possède ce pouvoir, nous pouvons à peine imaginer combien grand est le pouvoir de purification du Seigneur tout-puissant.

Mantra Neuf

अन्धं तमः प्रविशन्ति येऽविद्यामुपासते ।
ततो भूय इव ते तमो य उ विद्यायाँ रताः ॥

andhaṁ tamaḥ praviśanti
ye 'vidyām upāsate
tato bhūya iva te tamo
ya u vidyāyāṁ ratāḥ

andham : l'ignorance grossière ; *tamaḥ :* les ténèbres ; *praviśanti :* entrent dans ; *ye :* ceux qui ; *avidyām :* la nescience ; *upāsate :* vénèrent ; *tataḥ :* que cela ; *bhūyaḥ :* plus encore ; *iva :* certes ; *te :* ils ; *tamaḥ :* ténèbres ; *ye :* ceux qui ; *u :* aussi ; *vidyāyām :* à cultiver la connaissance ; *ratāḥ :* engagés.

Ceux qui cultivent la nescience [le savoir profane] s'enfonceront dans les plus profondes ténèbres de l'ignorance, mais pire encore sont ceux qui cultivent un prétendu savoir.

TENEUR ET PORTÉE: On compare dans ce *mantra* la valeur de la *vidyā* à celle de l'*avidyā*. L'*avidyā*, l'ignorance, est sans aucun doute dangereuse, mais la *vidyā*, la connaissance, l'est encore plus lorsqu'elle est corrompue ou mal orientée. Ce passage s'applique à l'époque actuelle plus qu'à aucune autre. La civilisation moderne a certes fait de très grands progrès dans l'éducation des masses, mais le résultat en est que les gens sont plus malheureux qu'avant, à cause de l'importance capitale donnée à la prospérité matérielle, à l'exclusion de l'essentiel, l'aspect spirituel de la vie.

Le premier *mantra* de la *Śrī Īśopaniṣad* a clairement expliqué que la *vidyā* (la connaissance pure) consiste à savoir que le Seigneur Suprême est le possesseur de tout ce qui existe, et que l'*avidyā* (l'ignorance) consiste, elle, à l'oublier ; et plus on l'oublie plus on s'enfonce dans les ténèbres. De là, nous pouvons affirmer qu'une civilisation sans Dieu, tournée vers un prétendu développement de l'éducation, est plus redoutable qu'une civilisation où les gens sont moins « instruits ».

Parmi les trois catégories d'hommes, *karmīs, jñānīs* et *yogīs,* les *karmīs* sont ceux qui recherchent les plaisirs terrestres, et dans la civilisation moderne, 99,9% des gens appartiennent à cette catégorie, courant après les plaisirs sous l'étendard de l'industrialisation, du progrès économique, de l'activisme politique, de l'altruisme, etc. Leurs actes sont tous plus ou moins motivés par un désir de satisfaction des sens, en excluant la conscience divine telle que la décrit le premier *mantra* de cet ouvrage.

Dans la *Bhagavad-gītā* (7.15), on appelle *mūḍhas* (ânes) ceux qui recherchent les plaisirs matériels les plus grossiers, car l'âne est symbole de bêtise. Selon la *Śrī Īśopaniṣad,* une civilisation à la recherche vaine du seul plaisir honore l'*avidyā,* la nescience ; mais ceux qui renforcent ce genre de civilisation au nom du progrès de l'éducation font plus de tort encore que ceux qui en jouissent vulgairement. Le développement du savoir chez des impies est aussi redoutable qu'un joyau sur la tête d'un cobra, car un cobra coiffé d'une pierre précieuse est plus dangereux encore qu'un serpent ordinaire. Le *Hari-bhakti-sudhodaya* (3.11) compare également l'élévation du niveau d'éducation chez les incroyants à des ornements sur un cadavre. En Inde et en d'autres pays, des gens suivent la coutume de parer les cadavres et de les porter ensuite en procession pour contenter la famille éplorée. Dans le même esprit on peut dire que la civilisation moderne masque, avec tout un assortiment d'activités axées sur les plaisirs sensoriels, les souffrances perpétuelles qu'inflige l'existence matérielle. Mais au-dessus des sens se trouve le mental, puis l'intelligence, et au-delà de tous, l'âme. Le but de l'éducation devrait être la réalisation spirituelle, la réalisation des valeurs spirituelles de l'âme. Tout enseignement qui n'y mène pas relève de l'*avidyā*, la nescience, et cultiver cette nescience mène aux plus profondes ténèbres.

La *Bhagavad-gītā* (2.42, 7.15) donne aux faux maîtres les noms de *veda-vāda-ratas* et *māyayāpahṛta-jñānas*. Les *veda-vāda-ratas* se présentent comme de grands érudits védiques, mais ils ont complètement dévié de l'objectif ultime des *Vedas*. La *Bhagavad-gītā* (15.15) déclare que le but des *Vedas* est de connaître la Personne Divine, alors que les *veda-vāda-ratas* ne s'y intéressent nullement ; ils sont au contraire fascinés par les planètes édéniques et autres promesses de bonheur matériel.

Comme il est dit dans le premier *mantra*, nous devons savoir que Dieu, la Personne Suprême, est le possesseur de tout, et qu'il faut nous contenter de la part qu'Il nous accorde pour satisfaire aux besoins de notre existence. L'objet de toutes les Écritures védiques est de raviver cette conscience de Dieu dans le cœur de l'être oublieux, et ce principe, sous différentes formes, se retrouve dans les Écritures révélées du monde entier. Le but ultime de toutes les religions est de ramener à Dieu l'humanité plongée dans l'ignorance.

Mais les *veda-vāda-ratas*, plutôt que de reconnaître le vrai sens des *Vedas*, leur prêtent comme but ultime des effets d'ordre secondaire, comme l'accès aux plaisirs édéniques. Ils ne réalisent pas que ce désir de jouir sans restriction des sens est la cause première de leur enchaînement au monde matériel. Ils égarent les autres en interprétant faussement les Écritures védiques, allant même parfois jusqu'à rejeter les *Purāṇas*, qui sont d'authentiques commentaires védiques destinés à faciliter la compréhension des profanes. Les *veda-vāda-ratas* forgent leurs propres explications des *Vedas* et négligent l'autorité des grands maîtres. D'ordinaire, ils choisissent parmi eux une personne sans scrupule qu'ils présentent comme le plus grand exégète de la connaissance védique. Les mots sanskrits *vidyāyāṁ ratāḥ*, utilisés dans ce *mantra*, condamnent avec justesse ces insensés. *Vidyāyām* se rapporte à l'étude des *Vedas*, car les *Vedas* sont à l'origine de toute connaissance *(vidyā)* et *ratāḥ* veut dire « engagé » ; *vidyāyāṁ ratāḥ* signifie donc « ceux qui sont engagés dans l'étude des *Vedas* ». Ces prétendus érudits sont ici condamnés parce que, pour avoir désobéi aux *ācāryas,* ils ignorent le véritable objet des *Vedas.* Ces *veda-vāda-ratās* cherchent pour chaque mot des *Vedas* une signification justifiant leurs propres vues. Ils ignorent que les Écritures védiques ne sont pas une simple collection de livres ordinaires et qu'elles ne peuvent être comprises qu'à travers une filiation spirituelle remontant au Seigneur Lui-même.

La *Muṇḍaka-Upaniṣad* (1.2.12) recommande d'approcher un véritable maître spirituel si l'on veut comprendre le message transcendantal des *Vedas.* Les *veda-vāda-ratas,* eux, ont leurs propres « *ācāryas* » n'appartenant à aucune filiation spirituelle authentique. Par leur fausse interprétation des Écritures védiques, ils s'enfoncent plus encore dans les ténèbres de l'ignorance que ceux qui ne connaissent rien des *Vedas.*

Les *māyayāpahṛta-jñānas,* pour leur part, se proclament eux-mêmes Dieu, et ne voient donc pas la nécessité d'en adorer un autre. Ils accepteront de vénérer un homme ordinaire, s'il est riche, mais jamais d'adorer la Divine Personne. Dans leur sottise, ils ne voient pas l'absurdité qu'il y a à croire que Dieu puisse être captif de l'illusion, *māyā,* Sa propre énergie. Si Dieu était sujet à l'illusion, il faudrait concevoir l'illusion comme plus puissante que Dieu ; or, ils affirment par ailleurs que Dieu est tout-puissant. Si Dieu est tout-puissant, comment peut-Il être dominé par l'illusion ? Incapables de résoudre ces questions, ils se satisfont de se croire Dieu.

Mantra Dix

अन्यदेवाहुर्विद्यया अन्यदाहुरविद्यया ।
इति शुश्रुम धीराणां ये नस्तद्विचचक्षिरे ॥

anyad evāhur vidyayā
anyad āhur avidyayā
iti śuśruma dhīrāṇāṁ
ye nas tad vicacakṣire

anyat : différent ; *eva :* sûrement ; *āhuḥ :* dit ; *vidyayā :* en cultivant la connaissance ; *anyat :* différent ; *āhuḥ :* dit ; *avidyayā :* en cultivant la nescience ; *iti :* ainsi ; *śuśruma :* j'ai entendu ; *dhīrāṇām :* des êtres sereins ; *ye :* qui ; *naḥ :* à nous ; *tat :* cela ; *vicacakṣire :* ont expliqué.

Les sages nous ont expliqué que les fruits du vrai savoir spirituel sont d'une autre nature que les fruits de la nescience.

TENEUR ET PORTÉE: Le treizième chapitre de la *Bhagavad-gītā* nous apprend comment conduire notre recherche du vrai savoir. Il faut : 1) Devenir un parfait honnête homme et apprendre à respecter autrui. 2) Ne pas se prétendre religieux à seule fin d'acquérir gloire et renom. 3) Ne pas être, par nos pensées, nos paroles ou nos actes, une source d'angoisse pour autrui. 4) Apprendre à être tolérant, même face aux provocations. 5) Éviter la duplicité dans nos rapports avec les autres. 6) Chercher un maître spirituel authentique, capable de mener graduellement son disciple à la réalisation spirituelle et s'en remettre à lui, le servir, et s'instruire auprès de lui par des questions appropriées. 7) Suivre les principes régulateurs enjoints par les Écritures révélées. 8) Assimiler avec conviction les enseignements des Écritures. 9) S'abstenir rigoureusement de toute pratique susceptible d'entraver notre progrès dans la réalisation spirituelle. 10) Ne pas prendre plus que ce dont le corps a besoin pour sa subsistance. 11) Ne pas commettre l'erreur de s'identifier à son corps matériel et de considérer comme siennes sa famille, sa nation, sa race... 12) Toujours nous souvenir que tant que nous aurons un corps matériel, nous devrons faire face aux souffrances qu'engendrent la naissance, la vieillesse, la maladie et la mort. Il est vain de chercher, par toutes sortes d'artifices, à nous y soustraire ; la meilleure solution est de trouver le moyen de regagner notre identité spirituelle. 13) Ne pas s'attacher à plus de biens matériels qu'il n'en faut pour son évolution spirituelle. 14) Ne pas s'attacher à sa femme, à ses enfants et à son foyer plus que ne le recommandent les Écritures. 15) Rester d'humeur égale dans la peine ou le plaisir, sachant que ces sensations naissent dans notre mental. 16) Devenir un pur dévot de la Personne Suprême, Śrī Kṛṣṇa, et Le servir de tout son être. 17) Préférer habiter un endroit solitaire, calme et tranquille, favorable à la recherche spirituelle et éviter les lieux congestionnés où se rassemblent les non-dévots. 18) Rechercher en tant que savant ou philosophe le savoir spirituel plutôt que le savoir matériel, en sachant que le premier est permanent tandis que le second périt avec le corps.

Ces dix-huit principes permettent d'acquérir graduellement le savoir véritable. Tout autre mode d'éducation entre dans la catégorie de la nescience. Śrīla Bhaktivinoda Ṭhākura, un grand *ācārya,* disait à ce propos que la connaissance matérielle, sous toutes ses formes, est une simple manifestation de l'énergie illusoire et ne peut qu'abêtir l'homme. La *Śrī Īśopaniṣad* conclut de même en avançant que l'homme se dégrade au fur et à mesure que s'accroissent ses connaissances matérielles. Sous le couvert d'une « conscience spirituelle », certains politiciens matérialistes dénoncent le caractère diabolique de la civilisation actuelle, mais ils ne font malheureusement aucun effort pour cultiver la connaissance parfaite donnée dans la *Bhagavad-gītā*, et restent donc incapables de remédier à cette situation infernale.

De nos jours, même les enfants se croient indépendants et ne montrent plus aucun respect pour leurs aînés. Les universités ne leur offrant plus qu'une éducation faussée, ils deviennent une cause d'inquiétude pour leurs parents et leurs professeurs. La *Śrī Īśopaniṣad* nous avertit de bien faire la distinction entre ces deux éducations, matérielle et spirituelle. Les universités sont pour ainsi dire de véritables temples de l'ignorance, et par conséquent les savants qu'elles produisent s'absorbent dans l'invention d'armes létales capables d'anéantir les autres nations. Aujourd'hui, les étudiants ne reçoivent aucune instruction sur les principes régulateurs du *brahmacarya* (période de célibat et d'étude sous la tutelle d'un maître spirituel) et n'ont aucune foi en les règles prescrites par les Écritures. On n'enseigne plus la religion que pour le renom et non pas pour une application pratique dans la vie. De là toutes sortes de conflits, non seulement à l'échelle politique et sociale, mais aussi sur le plan religieux.

Le nationalisme n'a connu son essor dans le monde qu'à cause de l'éducation matérialiste des peuples. Personne ne tient plus compte du fait que la petite planète Terre n'est qu'une masse de matière qui flotte dans un espace sans mesure en compagnie d'innombrables autres. Ces masses de matière se perdent dans l'immensité du cosmos comme des particules de poussière dans l'air. Elles possèdent néanmoins tout ce qu'il faut pour se maintenir dans l'espace, car Dieu les a chacune entièrement pourvue de tout le nécessaire. Les astronautes sont très fiers de leurs exploits, mais ils oublient le pilote suprême, maître de vaisseaux spatiaux beaucoup plus grands, ces vaisseaux gigantesques que sont les planètes.

Il existe d'innombrables Soleils et d'innombrables systèmes planétaires. Et pourtant, nous, créatures minuscules, infimes parties du Seigneur Suprême, essayons vie après vie de dominer cette infinité de planètes, alors que nous sommes constamment vaincus dans nos efforts par la vieillesse et la maladie. La longévité maximale de l'homme est généralement de cent ans et elle va graduellement décroître pour ne plus être un jour que de vingt ou trente ans. Par suite d'une éducation fondée sur l'ignorance, l'homme égaré a divisé la planète en différentes nations dans l'espoir de jouir plus efficacement de ces quelques années de vie, et essaye en vain de rendre ces démarcations toujours plus rigoureuses. L'angoisse qui en découle fait que chaque pays investit, et gaspille, la moitié de ses forces dans la défense nationale, tandis qu'on ne voit, de la part des dirigeants, aucun effort pour développer la connaissance pure. Les peuples ne s'en flattent pas moins d'être à la pointe du progrès du point de vue tant matériel que spirituel.

La *Śrī Īśopaniṣad* nous met en garde contre l'aberration que représente un tel système d'éducation et la *Bhagavad-gītā* nous apprend comment acquérir un savoir véritable. Ce *mantra* déclare que seul le *dhīra* peut nous donner la connaissance pure *(vidyā)*. Le *dhīra* est celui qui demeure toujours serein et que l'illusion n'affecte pas. Or, seul l'être conscient de son identité spirituelle peut devenir *dhīra,* car ce n'est qu'une fois cette réalisation atteinte qu'on peut cesser de convoiter ce qu'on n'a pas et de pleurer ce qu'on n'a plus. Le *dhīra* sait que le corps et le mental acquis lors de son contact avec la matière sont totalement étrangers à son vrai moi, son moi spirituel, et qu'il doit faire contre mauvaise fortune bon cœur en faisant le meilleur usage de ce pesant fardeau.

Le corps et le mental matériels sont en effet une mauvaise affaire pour l'être spirituel, fait pour vivre dans un monde vivant, spirituel. Contrairement au monde spirituel, l'univers matériel est un monde mort, et il ne semble vivre que lorsque la matière inerte s'anime au contact des êtres, étincelles spirituelles vivantes, parties intégrantes de Dieu. Le *dhīra* est l'homme qui a reçu cette connaissance des lèvres d'autorités spirituelles compétentes et qui l'a parfaitement comprise en suivant les principes régulateurs de la vie spirituelle. Or, pour pouvoir suivre ces principes, l'aide d'un maître authentique est essentielle. Le message transcendantal et les principes régulateurs doivent donc se transmettre de maître à disciple, et non pas dépendre des aléas d'une éducation profane. Pour devenir *dhīra* nous devons écouter avec soumission un maître authentique. Arjuna, par exemple, devint un *dhīra* en écoutant humblement Śrī Kṛṣṇa, la Personne Suprême. Le disciple parfait doit donc être semblable à Arjuna, et le maître spirituel parfait, aussi qualifié que Kṛṣṇa Lui-même. C'est ainsi que l'on acquiert la *vidyā,* la connaissance pure, auprès d'un *dhīra* empli de sérénité.

L'*adhīra,* celui qui, au contraire du *dhīra,* n'a pas reçu d'éducation spirituelle, n'est apte ni à instruire, ni à diriger. Les dirigeants d'aujourd'hui prétendent être des *dhīras,* mais ils ne sont en fait que des *adhīras,* et nul ne peut espérer recevoir d'eux la connaissance parfaite. Ne se souciant que de s'enrichir, comment pourraient-ils guider les masses sur la voie juste de la réalisation spirituelle ? Une véritable éducation ne peut s'obtenir qu'auprès d'un *dhīra,* par une écoute soumise.

Mantra Onze

विद्यां चाविद्यां च यस्तद्वेदोभयँ सह ।
अविद्यया मृत्युं तीर्त्वा विद्ययामृतमश्नुते ॥

vidyāṁ cāvidyāṁ ca yas
tad vedobhayaṁ̐ saha
avidyayā mṛtyuṁ tīrtvā
vidyayāmṛtam aśnute

vidyām : la connaissance réelle ; *ca :* et ; *avidyām :* la nescience ; *ca :* et ; *yaḥ :* celui qui ; *tat :* cela ; *veda :* sait ; *ubhayam :* les deux ; *saha :* simultanément ; *avidyayā :* en cultivant la nescience ; *mṛtyum :* les morts répétées ; *tīrtvā :* transcendant ; *vidyayā :* en cultivant la connaissance ; *amṛtam :* l'immortalité ; *aśnute :* jouit de.

Celui qui, simultanément, peut cultiver la connaissance transcendantale et le savoir profane est seul capable d'échapper au cycle des morts et des renaissances et pourra jouir des bénédictions que confère l'immortalité.

TENEUR ET PORTÉE: Depuis la création de l'univers matériel, tout le monde s'efforce de vivre pour toujours, mais les lois de la nature sont d'une telle rigueur que nul n'a jamais pu échapper à la mort. Personne ne veut mourir, personne non plus ne désire vieillir ou tomber malade, mais les lois de la nature n'épargnent à personne ni la souffrance, ni la vieillesse, ni la mort. Ce problème demeure sans solution malgré les progrès de la science. Bien qu'elle ait permis à l'homme de découvrir la bombe atomique et de détruire la vie à une plus grande échelle, la science n'a pu le protéger des griffes cruelles de la maladie, de la vieillesse et de la mort.

Les *Purāṇas* relatent les méfaits d'Hiraṇyakaśipu, un roi qui vivait à un niveau de civilisation très avancé. Croyant que ses possessions et sa science matérielles lui permettraient de vaincre la mort, il se soumit à une ascèse telle qu'il acquit des pouvoirs surnaturels qui perturbèrent tous les systèmes planétaires. Il obligea ainsi Brahmā, le premier des *devas* et créateur de l'univers, à venir à lui et lui demanda la faveur de devenir un *amara,* un être immortel. Brahmā ne put lui accorder cette bénédiction car lui-même, le régent de toutes les planètes, n'était pas immortel. Comme la *Bhagavad-gītā* (8.17) le confirme, la vie de Brahmā est d'une durée difficile à concevoir, mais qui n'est pas pour autant sans fin.

Hiraṇya se traduit par « or » et *kaśipu* par « lit moelleux ». Voilà donc ce qui intéressait ce roi, l'argent et les femmes, et il désirait en jouir davantage en devenant immortel. Il essaya donc d'obtenir de Brahmā des bénédictions qui lui conféreraient, indirectement, l'immortalité. Il lui demanda de n'être tué ni par un homme, ni par un animal, ni par un *deva,* ni par aucun être appartenant aux 8 400 000 espèces vivantes. Il demanda de ne pas mourir sur la terre, dans l'air ou dans l'eau, et de n'être atteint mortellement par aucune arme. Brahmā lui accorda tout et l'insensé se crut à l'abri de la mort. Il mourut cependant, tué par la Personne Suprême sous la forme de Nṛsiṁha, un homme-lion, qui n'utilisa pour toute arme, que Ses griffes. Hiraṇyakaśipu ne fut tué ni sur le sol, ni dans l'air, ni dans l'eau, mais sur les genoux du Seigneur, dans cette forme extraordinaire que le roi démoniaque n'aurait jamais pu concevoir.

La leçon est que même Hiraṇyakaśipu, le plus puissant des matérialistes, ne put, avec ses machinations, échapper à la mort. Que dire alors des petits Hiraṇyakaśipus d'aujourd'hui, dont les plans sont déjoués à chaque instant ? La *Śrī Īśopaniṣad* enseigne que dans le combat pour l'existence, il ne faut pas tenter de vaincre de façon unilatérale.

Tout le monde lutte très fort pour sa survie, mais les lois de la nature sont si rigoureuses que nul ne peut les surmonter. Le seul chemin de l'immortalité est le retour à Dieu.

La science spirituelle, qui nous permet ce retour, est une branche tout à fait distincte de l'éducation et doit être puisée dans les Écritures védiques tels les *Upaniṣads*, le *Vedānta*, la *Bhagavad-gītā*, et le *Śrīmad-Bhāgavatam*. Il nous faut donc étudier ces Écritures sacrées et acquérir la connaissance spirituelle afin d'obtenir le bonheur dans cette vie, et une existence éternellement heureuse après avoir quitté son corps. L'être conditionné oublie sa relation éternelle avec Dieu, et se méprend à accepter l'endroit où il est né comme une fin en soi. Dans Son infinie bonté, le Seigneur a donné les Écritures védiques en Inde, ainsi que d'autres Écritures en d'autres contrées, afin de rappeler aux hommes que ce monde matériel n'est pas leur véritable demeure. L'être vivant est de nature spirituelle ; il ne peut donc trouver le bonheur qu'en réintégrant sa demeure spirituelle auprès de Dieu.

De Son royaume, Kṛṣṇa envoie Ses purs serviteurs transmettre la connaissance qui permettra aux âmes conditionnées de retourner à Lui. Mais il arrive également qu'Il descende Lui-même afin de remplir cette mission. Les êtres vivants font tous partie intégrante de Dieu, ils sont tous Ses enfants bien-aimés. Dieu est donc encore plus désolé que nous de voir nos constantes souffrances dans l'existence matérielle. Ces tourments servent à nous rappeler indirectement que nous sommes incompatibles avec la matière inerte. L'être intelligent tient généralement compte de ces avertissements et se met à cultiver la connaissance transcendantale *(vidyā)*. La vie humaine est le terrain le plus favorable pour la culture de la connaissance spirituelle ; aussi celui qui néglige pareille opportunité est appellé *narādhama*, le plus déchu des hommes.

La voie de l'*avidyā*, c'est-à-dire le progrès d'un savoir profane destiné à intensifier le plaisir des sens, mène à la mort et à la renaissance. L'être vivant, en réalité, du fait de sa nature spirituelle, n'est sujet ni à la naissance, ni à la mort, qui n'affectent que le corps, enveloppe de l'âme spirituelle. Mourir, c'est comme ôter un vêtement usé, et naître, en revêtir un neuf, mais ceux qui sont grossièrement absorbés dans l'accumulation du savoir matériel *(avidyā)*, ne se soucient pas du cruel processus de la transmigration de l'âme. Ensorcelés par la beauté de l'énergie illusoire, ils retrouvent vie après vie les mêmes souffrances, sans tirer aucun parti des leçons que leur donnent les lois de la nature.

La connaissance spirituelle *(vidyā)* est essentielle pour l'homme. Dans cette condition maladive qu'est la vie matérielle, il doit restreindre autant que possible les plaisirs des sens car ils entraînent l'ignorance et la mort. En vérité, l'être n'est pas dénué de sens spirituels. Tout être est doté, dans sa forme spirituelle originelle, de sens spirituels qui, à l'état présent, sont voilés par le corps physique et subtil et se présentent sous la forme des sens matériels. Les activités des sens, dans l'univers matériel, ne sont qu'un reflet dénaturé de celles du monde spirituel. Dans cet état maladif, emprisonnée dans un corps matériel, l'âme se livre à des actes matériels ; elle ne pourra connaître un bonheur véritable qu'une fois soulagée de la « maladie » du matérialisme, une fois sa forme spirituelle retrouvée, purifiée de toute souillure. Un malade doit guérir avant de pouvoir jouir à nouveau de la vie. Il en est de même de l'âme. Il faut employer la vie humaine à se guérir du mal matériel et non à s'abandonner aux plaisirs pervertis des sens. Aggraver le mal n'est pas un signe de savoir, mais une preuve d'ignorance. Un malade souffrant d'une forte fièvre n'essaiera pas de la faire monter, mais bien de la ramener à la normale. Ainsi la vie humaine doit-elle permettre à l'être de faire baisser sa fièvre matérielle. Mais la civilisation moderne tend plutôt à accroître cette fièvre qui a atteint son point culminant avec l'énergie atomique ; et, pendant ce temps, des politiciens insanes clament qu'à tout moment le monde peut sombrer. Tel est le résultat du progrès des sciences matérielles au détriment du plus important, la culture du savoir spirituel. La *Śrī Īśopaniṣad* nous prévient donc de ne pas suivre cette dangereuse voie vers l'anéantissement, mais au contraire de cultiver la connaissance spirituelle pour échapper aux griffes de la mort.

Cela ne veut pas dire pour autant qu'il faut cesser de prendre soin de son corps. Il serait aussi déraisonnable pour l'homme de négliger ses besoins vitaux qu'il serait absurde d'essayer, pour guérir un malade, de faire tomber sa température à 0°C. Nous avons déjà dit à ce sujet qu'il fallait chercher à tirer le meilleur parti d'une mauvaise affaire en utilisant son corps et son mental pour cultiver le savoir spirituel. Pour toucher au but, l'homme a besoin d'eux et doit en prendre soin. Il faut maintenir la température à 37°C et les grands sages de l'Inde ont toujours essayé de garder saine la société par un juste équilibre entre connaissance matérielle et connaissance spirituelle. Jamais ils ne permirent à l'homme de faire un mauvais usage de son intelligence au profit de ses sens matériels.

L'homme possède une tendance maladive à rechercher le plaisir des sens, mais les *Vedas* lui donnent la méthode permettant de régler ses diverses activités matérielles de façon à atteindre la libération. Cette méthode inclut les actes de piété *(dharma)*, la prospérité matérielle *(ārtha)*, la satisfaction des désirs matériels *(kāma)* et la libération *(mokṣa)*. Mais les actes de piété et la libération spirituelle n'intéressent plus personne de nos jours. L'homme a fait de la satisfaction de ses désirs matériels l'unique but de son existence et ne se soucie que d'arriver à la prospérité matérielle qui lui permettra d'atteindre cet objectif. Ainsi égaré, il observe des pratiques religieuses simplement parce qu'elles contribuent à l'accroissement des biens dont il a besoin pour sa jouissance sensorielle dans cette vie puis, dans la suivante, sur les planètes édéniques. Mais ce n'est pas là le but de la religion ; la piété doit nous amener à la réalisation spirituelle. Quant aux biens matériels ils ne sont requis que pour préserver la santé du corps car l'homme doit mener une vie saine et garder les pensées claires afin d'obtenir la *vidyā*, la vraie connaissance, but ultime de sa vie ; il n'est pas fait pour travailler comme un âne ou pour cultiver l'*avidyā* à seule fin de jouir de ses sens.

Dans le *Śrīmad-Bhāgavatam* la voie de la *vidyā* est parfaitement présentée et guide l'homme, tout au long de sa vie, dans sa quête de la Vérité Absolue. Appliquant les dix-huit principes de la *Bhagavad-gītā* cités au *mantra* dix, développant ainsi la connaissance spirituelle et le renoncement, l'homme à l'esprit ouvert peut, petit à petit, réaliser l'Absolu, d'abord en tant que Brahman, puis en tant que Paramātmā, et finalement, en tant que *Bhagavān,* Dieu, la Personne Suprême. L'objectif essentiel de ces dix-huit principes est d'arriver à servir le Seigneur avec amour et dévotion, dans la transcendance, un art que les hommes de toute origine sont encouragés à apprendre.

Dans son *Bhakti-rasāmṛta-sindhu,* que nous avons publié sous le titre de « Nectar de la Dévotion », Śrīla Rūpa Gosvāmī a décrit la voie sûre menant à la *vidyā*. Quant au *Śrīmad-Bhāgavatam* (1.2.14), il la résume en ces mots :

tasmād ekena manasā
bhagavān sātvatāṁ patiḥ
śrotavyaḥ kīrtitavyaś ca
dhyeyaḥ pūjyaś ca nityadā

« Il faut donc constamment, l'attention concentrée, écouter ce qui a trait à Dieu, Le glorifier, L'adorer et se souvenir de Lui, la Personne Suprême et le protecteur de Ses dévots. »

La *Śrī Īśopaniṣad* démontrera ultérieurement que lorsqu'ils ne sont pas utilisés au service du Seigneur, la religion, la prospérité économique et le plaisir ne sont que différentes manifestations de l'ignorance.

Śrī Śrīmad
A. C. Bhaktivedanta Swami Prabhupāda
Acharya-fondateur de l'International Society for Krishna Consciousness

La Vérité Absolue est Śrī Kṛṣṇa, la Personne Suprême. Sa forme transcendantale est pleine d'éternité, de connaissance et de félicité.

Tous les êtres en ce monde doivent passer par le cycle répété des morts et des renaissances. Mais celui qui ravive sa relation avec la Personne Suprême échappe au processus de la réincarnation et parvient à l'immortalité.

Le Seigneur Suprême est infiniment loin mais aussi très proche. Présent en chaque être et en chaque chose, Il est également à l'extérieur de tout ce qui existe.

Le sage sait que Dieu Se trouve dans le cœur de chaque être. Il voit donc tous les êtres d'un œil égal en dépit des différences externes.

Śrī Kṛṣṇa manifeste et soutient le monde matériel par l'entremise de Ses émanations plénières. Sur l'océan des Causes repose Mahā-Viṣṇu, dont la respiration fait naître d'innombrables univers. En chacun d'eux pénètre Garbhodakaśāyī Viṣṇu, l'Âme cosmique Suprême.

Le *yogī* accompli médite sur la forme de la Personne Suprême. Après avoir quitté son corps, il rejoint le Seigneur dans Sa demeure éternelle.

Dans le royaume spirituel, Dieu, la Personne Suprême, Se livre à Ses divertissements transcendantaux avec Ses compagnons éternels, les pâtres de Vṛndāvana.

Mantra Douze

अन्धं तमः प्रविशन्ति येऽसम्भूतिमुपासते ।
ततो भूय इव ते तमो य उ सम्भूत्याँ रताः ॥

andhaṁ tamaḥ praviśanti
ye 'sambhūtim upāsate
tato bhūya iva te tamo
ya u sambhūtyām̐ ratāḥ

andham : l'ignorance ; *tamaḥ* : les ténèbres ; *praviśanti* : entrent dans ; *ye* : ceux qui ; *asambhūtim* : aux *devas* ; *upāsate* : rendent un culte ; *tataḥ* : que cela ; *bhūyaḥ* : plus encore ; *iva* : ainsi ; *te* : ceux ; *tamaḥ* : les ténèbres ; *ye* : qui ; *u* : aussi ; *sambhūtyām* : dans l'Absolu ; *ratāḥ* : engagés.

Ceux qui vouent leur culte aux devas s'enfoncent dans les pires ténèbres de l'ignorance ; plus profondément encore s'y enlisent ceux qui se vouent à l'Absolu impersonnel.

TENEUR ET PORTÉE: Le mot sanskrit *asambhūti* désigne les êtres dépendants. Kṛṣṇa, la Personne Absolue, est *sambhūti,* totalement indépendant. Dans la *Bhagavad-gītā* (10.2), Il affirme qu'Il est la source de tous les pouvoirs délégués aux *devas,* aux grands sages et aux *yogīs.* Mais parce que les pouvoirs qu'Il leur donne sont limités, il leur est très difficile de comprendre comment, par Sa puissance interne, Kṛṣṇa apparaît en ce monde, sous l'aspect d'un humain.

na me viduḥ sura-gaṇāḥ
prabhavaṁ na maharṣayaḥ
aham ādir hi devānāṁ
maharṣīṇāṁ ca sarvaśaḥ

« Parce qu'ils procèdent tous de Moi, ni les *devas,* ni les grands sages ne connaissent Mon origine et Mon opulence. »

Plusieurs philosophes et *ṛṣis* (penseurs mystiques) cherchent à distinguer le relatif de l'Absolu à l'aide de leurs facultés mentales limitées ; cela ne peut que leur permettre d'aboutir à une conception incomplète de l'Absolu, négative et dénuée de tout aspect positif. À force de négations, ils en viennent à fabriquer leur propre notion de l'Absolu, avec l'idée, finalement, qu'Il est sans forme ni attributs. Mais ces qualités négatives qu'ils Lui accordent ne sont que l'inverse des qualités matérielles relatives, et sont donc encore relatives. Une telle conception permet tout au plus d'atteindre le Brahman impersonnel, la radiance qui émane de Dieu, mais ne donne aucun accès à la réalisation de Bhagavān, la Personne Suprême dotée d'attributs spirituels et absolus.

Ces ergoteurs ignorent que Kṛṣṇa est cette Personne Absolue, que le Brahman impersonnel n'est que l'éclat irradiant de Son corps transcendantal, et que le Paramātmā est l'Âme Suprême, le Seigneur dans Son aspect omniprésent. Kṛṣṇa possède une forme transcendantale, éternelle, toute de connaissance et de félicité. Mais les *devas* et les *yogīs* Le considèrent comme un *deva* très puissant et croient que la lumière du Brahman est la Vérité Absolue. Les *bhaktas,* en raison de leur abandon et de leur dévotion pure, comprennent facilement que la Vérité Absolue est Kṛṣṇa, la Personne Suprême dont tout émane, et se vouent à Son service.

La *Bhagavad-gītā* (7.20–23) explique que seuls les gens sans intelligence, esclaves de leurs sens, rendent un culte aux *devas* pour être soulagés de leurs difficultés, car les *devas* n'offrent que des solutions provisoires à des problèmes temporaires. L'être vivant est prisonnier de la matière, et il doit s'en affranchir entièrement pour être à jamais soulagé de ses maux, en atteignant une existence spirituelle, toute d'éternité, de connaissance et de félicité. C'est pour cela que la *Śrī Īśopaniṣad* nous enjoint de ne pas chercher auprès de *devas* subordonnés les bienfaits temporaires qu'ils peuvent apporter pour soulager nos misères, mais nous recommande plutôt d'adorer Dieu, Kṛṣṇa, la Personne Absolue et infiniment fascinante, seul capable de nous libérer définitivement de la matière en nous ramenant auprès de Lui.

Toujours dans la *Bhagavad-gītā* (7.23), il est dit que les adorateurs des *devas* iront sur leur planète. Ceux qui vénèrent la lune iront sur la lune, ceux qui vénèrent le soleil iront sur le soleil, etc. La volonté des savants modernes d'atteindre les différentes planètes n'est en rien une nouveauté. Il est naturel que l'homme, doté d'une conscience supérieure, cherche à voyager dans l'espace et à se rendre sur d'autres planètes, que ce soit à l'aide d'engins spatiaux, en rendant un culte aux *devas*, ou encore par l'intermédiaire de pouvoirs surnaturels. Les Écritures védiques reconnaissent l'efficacité de ces trois méthodes, mais la plus communément employée est le culte des *devas*, grâce auquel on peut même atteindre la planète la plus évoluée de l'univers matériel, Brahmaloka. Mais toutes les planètes régies par les *devas* ne sont que des refuges temporaires ; seules sont permanentes les planètes Vaikuṇṭhas, situées dans le monde spirituel où Dieu Lui-même réside, ainsi que l'affirme Kṛṣṇa dans la *Bhagavad-gītā* (8.16) :

ā-brahma-bhuvanāl lokāḥ
punar āvartino 'rjuna
mām upetya tu kaunteya
punar janma na vidyate

« Ô fils de Kuntī, toutes les planètes de l'univers, de la plus évoluée à la plus basse, sont des lieux de souffrance où se succèdent la naissance et la mort. Mais il n'est plus de renaissance pour l'âme qui atteint Mon royaume. »

La *Śrī Īśopaniṣad* souligne que ceux qui rendent un culte aux *devas* et parviennent ainsi à leurs planètes restent prisonniers des ténèbres de l'univers matériel. En effet, l'univers entier est enveloppé de gigantesques couches d'éléments matériels. On le compare pour cela à une noix de coco recouverte d'une écorce épaisse et à demi remplie d'eau. Comme il est hermétiquement clos, l'obscurité totale y règnerait s'il n'était parsemé d'astres lumineux comme le soleil et la lune. Au-delà de l'univers matériel se trouve le *brahmajyoti* irradiant de Dieu, qui s'étend à l'infini et contient d'innombrables planètes spirituelles (Vaikuṇṭhas). Parmi elles, Kṛṣṇaloka, où demeure la Personne Suprême, est la plus élevée et la plus importante. Mais bien qu'Il ne quitte jamais Sa demeure, où Il vit en compagnie de Ses compagnons éternels, Kṛṣṇa est omniprésent, dans l'univers matériel comme dans le monde spirituel. Le quatrième *mantra* expliquait déjà ce fait inconcevable en comparant le Seigneur au soleil, qui, par sa lumière, est partout présent, tout en restant invariablement sur son orbite.

On ne peut pas résoudre les problèmes vitaux simplement en allant sur la lune ou sur quelque autre planète. C'est pour cette raison que la *Śrī Īśopaniṣad* nous avertit de l'inutilité d'atteindre l'une ou l'autre des planètes de cet obscur univers, et nous conseille de quitter ce monde matériel une fois pour toutes pour nous rendre dans le royaume resplendissant de Dieu. Et pourtant, bon nombre d'hypocrites, faisant montre de piété pour la réputation seulement, ne désirent nullement quitter le monde matériel et se rendre sur les planètes spirituelles ; ils prétendent adorer le Seigneur, mais ne cherchent en fait qu'à maintenir leur situation ici-bas. Les athées et les impersonnalistes entraînent tous ces imposteurs vers les profondes ténèbres de l'ignorance par leur propagande. L'athée nie directement l'existence de Dieu, la Personne Suprême, et l'impersonnaliste, lui, l'appuie en présentant comme ultime Son aspect impersonnel. Or, aucun des *mantras* de la *Śrī Īśopaniṣad* ne nie la Personnalité de Dieu. Il y est dit au contraire que le Seigneur peut Se déplacer plus vite que quiconque ; et, puisque tous ceux qui cherchent à atteindre les diverses planètes sont des personnes, pourquoi alors considérer comme impersonnel Celui-là même qui peut les dépasser tous ? En fait, la conception impersonnelle du Seigneur est une autre forme d'ignorance, issue d'une vision imparfaite de la Vérité Absolue.

Ces prétendus spiritualistes pétris d'ignorance et les fabricateurs de pseudo-incarnations divines transgressant ouvertement les règles védiques seront condamnés à renaître dans les régions ténébreuses de l'univers, car ils trompent et égarent leurs adeptes. Si les impersonnalistes peuvent se prétendre des *avatāras*, c'est que leur public ignore tout de la sagesse védique. Quand de tels charlatans acquièrent un peu de connaissance, ce savoir entre leurs mains devient plus dangereux que l'ignorance totale. Les impersonnalistes ne vénèrent même pas les *devas*, comme le recommandent les Écritures. En effet les Écritures recommandent l'adoration des *devas* en certaines circonstances, tout en précisant que ce culte n'est pas nécessaire en temps normal. La *Bhagavad-gītā* (7.23) indique clairement que le culte des *devas* donne seulement des résultats temporaires car, l'univers matériel étant impermanent, tout ce qu'on y obtient l'est également. La question est de savoir comment obtenir la vie véritable et permanente.

Le Seigneur affirme que celui qui parvient jusqu'à Lui par le service de dévotion — seule voie menant à Dieu — échappe définitivement à l'emprise des morts et des renaissances. En d'autres termes, la libération de l'existence matérielle dépend tout entière de la connaissance et du renoncement acquis en servant le Seigneur. Mais les pseudo-spiritualistes ne possèdent ni cette connaissance, ni ce détachement. La plupart d'entre eux choisissent de rester captifs des chaînes dorées de l'existence matérielle, sous le couvert d'activités philanthropiques accomplies au nom de la religion. Ils feignent de pratiquer le service de dévotion en exhibant de prétendus sentiments religieux, tout en se livrant à toutes sortes d'actes immoraux. Ils se font ainsi passer pour des maîtres spirituels et des dévots de Dieu, alors qu'ils enfreignent les principes religieux et méprisent l'autorité des *ācāryas* appartenant à une véritable filiation spirituelle. Ils ne font aucun cas de l'injonction védique *ācāryopāsana* — « L'*ācārya* doit être vénéré », ni de la parole de Kṛṣṇa dans la *Bhagavad-gītā* (4.2) : *evaṁ paramparā-prāptam* — « La science suprême de Dieu est transmise à travers une lignée disciplique. » Au lieu de cela, ils égarent les populations en se disant *ācāryas* alors qu'ils n'en suivent pas les règles de vie.

Ces mystificateurs constituent l'élément le plus néfaste de la société, et parce que les gouvernements actuels ignorent les principes religieux, ils peuvent donner libre cours à leurs actes criminels sans être punis par la loi humaine. Mais ils n'échapperont pas à celle de Dieu. Kṛṣṇa déclare sans équivoque dans la *Bhagavad-gītā* (16.19–20) que ces envieux démoniaques déguisés en apôtres de la religion seront jetés dans les régions les plus obscures des planètes infernales. Ce que confirme la *Śrī Īśopaniṣad* en déclarant que ces prétendus religieux, simplement appâtés par les jouissances matérielles, seront relégués dans les régions les plus ignobles de l'univers dès que s'achèvera leur imposture.

Mantra Treize

अन्यदेवाहुः सम्भवादन्यदाहुरसम्भवात् ।
इति शुश्रुम धीराणां ये नस्तद्विचचक्षिरे ॥

anyad evāhuḥ sambhavād
anyad āhur asambhavāt
iti śuśruma dhīrāṇāṁ
ye nas tad vicacakṣire

anyat : différent ; *eva :* certes ; *āhuḥ :* il est dit ; *sambhavāt :* en adorant le Seigneur Suprême, la cause de toutes les causes ; *anyat :* différent ; *āhuḥ :* il est dit ; *asambhavāt :* en adorant ce qui n'est pas suprême ; *iti :* ainsi ; *śuśruma :* je l'ai entendu ; *dhīrāṇām :* d'autorités imperturbables ; *ye :* qui ; *naḥ :* à nous ; *tat :* à ce sujet ; *vicacakṣire :* ont parfaitement expliqué.

Adorer la cause suprême de toutes les causes, ou adorer ce qui n'est pas suprême, il est dit que ces deux voies apportent des fruits différents. C'est ce qu'expliquèrent avec clarté les sages dont la sérénité n'est jamais troublée.

TENEUR ET PORTÉE: Ce *mantra* de la *Śrī Īśopaniṣad* certifie qu'il faut écouter les sages pleins de compétence et de sérénité. Seul un *ācārya* authentique, imperturbable malgré les fluctuations du monde matériel, peut nous donner la clé permettant d'accéder à la connaissance transcendantale. Le maître spirituel légitime qui a reçu le savoir védique, les *śruti-mantras*, de son propre *ācārya*, n'enseigne jamais rien qui ne soit cité dans les Écritures védiques. Selon la *Bhagavad-gītā* (9.25), ceux qui rendent un culte aux ancêtres *(pitṛs)* atteignent les planètes des ancêtres, les matérialistes convaincus qui veulent demeurer en ce monde renaissent sur cette terre, tandis que les *bhaktas* qui adorent uniquement Kṛṣṇa, la cause suprême de toutes les causes, Le rejoindront dans le monde spirituel. La *Śrī Īśopaniṣad* le confirme en enseignant que les divers cultes entraînent des résultats différents. En adorant le Seigneur Suprême, nous Le rejoindrons assurément en Son royaume éternel ; en rendant un culte aux *devas*, comme celui du soleil ou de la lune, nous atteindrons leur planète respective. Mais si nous désirons rester sur cette pauvre planète avec nos « commissions de planification » et nos « politiques bouche-trou », cela est tout à fait possible aussi.

Nulle part les Écritures révélées ne mentionnent que nous atteindrons tous le même but, quel que soit l'objet de notre dévotion. Seuls de pseudo-maîtres n'appartenant à aucune filiation authentique *(paramparā)* peuvent énoncer une théorie aussi absurde. Un vrai maître spirituel ne dira jamais que les différentes formes d'adoration mènent toutes au même but, que l'on rende un culte aux *devas*, au Suprême, ou à toute autre chose. Chacun sait qu'un billet d'avion ne vaut que pour une destination précise ; un billet pour Calcutta nous conduit à Calcutta et non pas à Bombay. Pourtant, ces prétendus maîtres spirituels proclament que l'on peut atteindre le but suprême par n'importe quelle voie. Leurs présomptions attirent bien des sots qui s'enorgueillissent de ces méthodes faites d'un amalgame de compromis entre matérialisme et spiritualité ; mais ils ne sont nullement légitimés par les *Vedas*. À moins d'être reçue des lèvres d'un maître appartenant à une filiation spirituelle reconnue, notre connaissance ne peut être vraie. Le Seigneur dit à ce propos dans la *Bhagavad-gītā* (4.2) :

evaṁ paramparā-prāptam
imaṁ rājarṣayo viduḥ

sa kāleneha mahatā
yogo naṣṭaḥ parantapa

« Cette science suprême fut transmise à travers une succession disciplique, et les saints rois la reçurent ainsi. Mais au fil du temps, la filiation s'est rompue, et cette science, dans son intégrité originelle, semble maintenant perdue. »

Parce que les principes du *bhakti-yoga* définis dans la *Bhagavad-gītā* furent altérés, le Seigneur rétablit la filiation spirituelle en instruisant Arjuna, Son disciple et Son ami le plus intime. Le Seigneur expliqua clairement à Arjuna (*Bhagavad-gītā*, 4.3) que seule sa dévotion et l'amitié qu'il Lui portait, lui permettaient de comprendre les principes de la *Bhagavad-gītā*. « Si Je t'enseigne aujourd'hui cette science, c'est parce que tu es Mon dévot et Mon ami. » Nul ne peut saisir purement le sens de la *Gītā* à moins d'être, comme Arjuna, l'ami et le dévot du Seigneur. Il indiquait par là également que pour assimiler cet enseignement, il faut suivre les traces d'Arjuna.

Aujourd'hui, bon nombre d'exégètes et de traducteurs, reléguant à l'arrière-plan Kṛṣṇa et Arjuna, trahissent ce dialogue sublime en l'interprétant à leur façon et énoncent toutes sortes d'inepties au nom de la *Gītā*. Ils nient et l'existence de Śrī Kṛṣṇa, et celle de Sa demeure éternelle. Comment donc pourraient-ils expliquer la *Bhagavad-gītā* de façon exacte et sensée ?

Le Seigneur dit clairement dans la *Bhagavad-gītā* (7.20–23) que seuls les hommes qui ont perdu le sens commun rendent un culte aux *devas* pour de maigres bénéfices. L'ultime conseil qu'Il donne à Arjuna est de rejeter toute autre forme d'adoration pour s'abandonner complètement à Lui seul. (*Bhagavad-gītā*, 18.66) Or, la confiance absolue en Kṛṣṇa ne se trouve que chez ceux qui sont affranchis des conséquences de toutes leurs actions pécheresses ; les autres continueront d'entretenir, par des cultes médiocres, leur conscience matérialiste, et s'écarteront ainsi de la voie réelle, en croyant que toutes conduisent au même but.

Ce *mantra* comporte un terme très significatif : c'est le mot *sambhavāt*, qui signifie « adorer la cause suprême ». En effet, Śrī Kṛṣṇa est la Personne originelle, Dieu dont tout émane. Dans la *Bhagavad-gītā* (10.8), Kṛṣṇa Se définit Lui-même parfaitement :

ahaṁ sarvasya prabhavo
mattaḥ sarvaṁ pravartate
iti matvā bhajante māṁ
budhā bhāva-samanvitāḥ

« Des mondes spirituel et matériel Je suis la source, de Moi tout émane. Les sages qui connaissent parfaitement cette vérité Me servent et M'adorent de tout leur cœur. » Les mots *sarvasya prabhavaḥ* indiquent qu'Il est le créateur de tous les êtres — Brahmā, Viṣṇu et Śiva inclus. S'Il est à l'origine de ces trois divinités, Il l'est aussi par conséquent de tout ce qui existe, tant dans l'univers matériel que dans le monde spirituel.

L'*Atharva Veda* (*Gopāla-tāpanī Upaniṣad*, 1.24) enseigne par ailleurs : « Celui qui existait avant Brahmā et qui l'illumina de la connaissance védique n'est autre que Śrī Kṛṣṇa. » De même la *Nārāyaṇa Upaniṣad* souligne : « La Personne Suprême, Nārāyaṇa, désira créer les êtres. C'est donc de Nārāyaṇa que naquit Brahmā, de Nārāyaṇa aussi que procèdent tous les Prajāpatis, Indra, les huit Vasus, les onze Rudras, et les douze Ādityas. » Nārāyaṇa étant une émanation plénière de Kṛṣṇa, l'un et l'autre ne font qu'un. Ce même texte poursuit : « Le fils de Devakī (Kṛṣṇa) est le Seigneur Suprême. » Bien qu'il n'appartienne pas à l'école personnaliste *vaiṣṇava*, Śrīpāda Śaṅkarācārya a lui aussi accepté et confirmé que Nārāyaṇa est la cause suprême. Et l'*Atharva Veda (Mahā Upaniṣad)* stipule entre autres : « Au commencement, seul était Nārāyaṇa ; ni Brahmā, ni Śiva, ni le feu, l'eau, les étoiles, le soleil ou la lune n'existaient. Mais Dieu ne demeura pas seul. Il S'entoura de tous les êtres, créés selon Son désir. » On trouve aussi dans le *Mokṣa-dharma* ces mots de Kṛṣṇa : « J'ai créé les Prajāpatis et les Rudras ; même eux, cependant, n'ont pas de Moi une connaissance parfaite, car ils sont également sous l'emprise de Mon énergie illusoire. » Et le *Varāha Purāṇa* ajoute : « Nārāyaṇa est Dieu, la Personne Suprême, et c'est de Lui que vint Brahmā aux quatre têtes ainsi que Rudra, qui plus tard devint omniscient. » La *Brahma-saṁhitā* (5.1) dit, elle, que le Seigneur Suprême est Śrī Kṛṣṇa, Govinda, la cause originelle de toutes les causes et Celui qui réjouit tous les êtres.

Toutes les Écritures védiques attestent donc que Nārāyaṇa, Kṛṣṇa, est la cause de toutes les causes. Les vrais érudits, les *budhas* (ceux qui possèdent l'intelligence spirituelle, la *buddhi*), sont ceux qui, ayant compris ce fait en s'en rapportant aux grands sages et aux *Vedas*, adorent exclusivement Śrī Kṛṣṇa et reconnaissent en Lui le Tout suprême.

Une telle conviction ne vient qu'à celui qui avec amour et confiance reçoit de l'imperturbable *ācārya* le message transcendantal. Ceux qui, par contre, n'éprouvent ni confiance ni amour pour le Seigneur, ne pourront jamais comprendre cette simple vérité. La *Bhagavad-gītā* (9.11) les qualifie de *mūḍhas* (sots comme l'âne). S'ils bafouent la Personne Suprême, c'est qu'ils n'ont pas reçu la connaissance parfaite d'un *ācārya* serein. Seul celui qui ne se laisse pas emporter par les tourbillons de l'énergie matérielle peut être qualifié d'*ācārya*.

Avant de recevoir l'enseignement de la *Bhagavad-gītā*, Arjuna souffrait dans le tourbillon matériel de l'attachement à la famille, à la société et au pays ; il voulait devenir un philanthrope, un non-violent. Mais après avoir reçu l'enseignement de la Personne Suprême, il fut éclairé, il devint un *budha*. Il abandonna son idée et s'en remit à Kṛṣṇa, Lequel avait Lui-même décidé de la bataille de Kurukṣetra. Il L'adora en combattant sa prétendue parenté et devint par cette abnégation un pur *bhakta*. Mais il ne put atteindre une telle perfection qu'en s'abandonnant au Seigneur véritable, à Kṛṣṇa Lui-même, et non à quelque faux Dieu inventé par des insensés, totalement ignorants des subtilités de la science divine de la *Bhagavad-gītā* et du *Śrīmad-Bhāgavatam*.

Le *Vedānta-sūtra* explique que le *sambhūta*, le Seigneur Suprême, est l'origine de la manifestation cosmique *(janmādy asya yataḥ)*, que c'est Lui qui la maintient et que lors de sa destruction, c'est en Lui que les éléments retournent. Le *Śrīmad-Bhāgavatam*, commentaire originel du *Vedānta-sūtra* par le même auteur, précise que cette source d'où tout émane n'est pas inerte, mais bien au contraire, *abhijñaḥ*, pleinement consciente. Ce que confirme la *Bhagavad-gītā* (7.26), puisque Kṛṣṇa S'y décrit comme pleinement conscient du passé, du présent et de l'avenir. Il ajoute que nul être, fût-il un *deva* comme Śiva ou Brahmā, ne Le connaît parfaitement. Que dire donc de ces prétendus « maîtres » à demi instruits, ballotés par le flux et le reflux de l'existence matérielle. Face à leur incapacité à connaître Dieu, ils arrivent à un compromis : c'est de l'humanité entière qu'ils font un objet de culte, sans se rendre compte que ce culte n'a aucun sens puisque l'homme est imparfait. Il est aussi vain de rendre un culte à l'humanité que d'arroser les feuilles d'un arbre plutôt que ses racines. Mais de nos jours, ces pseudo-chefs spirituels, désorientés, portent plus d'intérêt au corps qu'à l'âme, aux feuilles qu'à la racine, et malgré leurs efforts constants pour arroser les feuilles, la racine se dessèche et l'arbre meurt.

Aussi l'*Īśopaṇisad* nous conseille-t-elle d'arroser la racine, source de vie. Servir le corps est moins important que servir l'âme, et ce service à l'humanité ne peut jamais être parfait. L'âme est la racine qui donne vie à toutes sortes de corps selon la loi du *karma*. Servir les humains de diverses manières dans le domaine de la médecine, de l'aide sociale et de l'éducation tout en égorgeant de malheureux animaux dans les abattoirs n'est d'aucun secours à l'âme, l'être véritable.

Le mal chronique de l'être est qu'il doit, vie après vie et d'un corps à l'autre, naître, souffrir, vieillir et mourir. Or, le fait de posséder une forme humaine offre à l'âme une chance d'échapper à cet esclavage par un moyen fort simple : rétablir sa relation perdue avec le Seigneur Suprême. Le Seigneur vient Lui-même nous enseigner comment s'abandonner à Lui. Le seul véritable service à rendre aux hommes est de leur apprendre à s'abandonner à Dieu (le *sambhūta*) et à n'adorer que Lui avec amour et dévotion. Tel est le message de ce *mantra*.

Dans l'âge de discorde où nous vivons, la manière la plus facile et la plus efficace d'adorer le Seigneur est d'entendre le récit de Ses actes glorieux et de les exalter. Par malheur, à force de vaines spéculations, maints ergoteurs croient que les actes du Seigneur ne sont que des mythes. Ils dédaignent donc de les entendre et préfèrent inventer une philosophie sans substance à force de jeux de mots, pour égarer les gens innocents. Ces pseudo-maîtres poussent leurs disciples à les glorifier eux plutôt qu'à entendre les louanges du Seigneur Suprême, Kṛṣṇa. De nos jours, le nombre de ces imposteurs et de faux *avatāras* s'est accru considérablement et il est devenu extrêmement difficile pour les purs *bhaktas* de préserver la masse des gens de leur propagande sacrilège.

Les *Upaniṣads* attirent indirectement notre attention sur Śrī Kṛṣṇa, le Seigneur originel, tandis que la *Bhagavad-gītā,* qui est l'essence de toutes les *Upaniṣads,* établit clairement Sa suprématie absolue en tant que la Personne Divine. Il faut donc s'en remettre à la *Bhagavad-gītā* et au *Śrīmad-Bhāgavatam* pour connaître le Seigneur tel qu'Il est et, par cette connaissance, graduellement purifier notre mental de toute contamination. Le *Śrīmad-Bhāgavatam* (1.2.17) dit : « Celui qui écoute le récit des actes glorieux du Seigneur attire sur lui Son attention. Le Seigneur, qui réside dans le cœur de chaque être, éclaire alors Son dévot et le guide. » Ce que corrobore la *Bhagavad-gītā* (10.10) par les mots : *dadāmi buddhi-yogaṁ taṁ yena mām upayānti te.*

De l'intérieur, le Seigneur donne à Son dévot des instructions destinées à purifier son cœur des influences de l'ignorance et de la passion. Les non-dévots, au contraire, demeurent sous leur empire. Tant que la passion gouverne l'homme, il lui est impossible de se libérer de la convoitise ; sous l'influence de l'ignorance, il n'arrive ni à savoir qui est le Seigneur, ni à connaître sa propre identité. L'homme n'a donc aucune chance d'atteindre à son épanouissement spirituel s'il est constamment dominé par ces *guṇas,* quelle que soit l'ardeur mise à se faire passer pour un spiritualiste. Le dévot, par contre, se voit arraché des griffes de l'ignorance et de la passion par la grâce de Dieu, et s'élève jusqu'à la vertu, *guṇa* qui caractérise le *brāhmaṇa* parfait. N'importe qui peut devenir un *brāhmaṇa* qualifié s'il pratique le service de dévotion sous la conduite d'un maître authentique. Le *Śrīmad-Bhāgavatam* (2.4.18) dit à ce sujet :

kirāta-hūṇāndhra-pulinda-pulkaśā
ābhīra-śumbhā yavanāḥ khasādayaḥ

ye 'nye ca pāpā yad-apāśrayāśrayāḥ
śudhyanti tasmai prabhaviṣṇave namaḥ

Même une personne de la plus basse condition peut être purifiée en suivant les directives d'un pur dévot du Seigneur, car la puissance de Dieu est inconcevable.

La caractéristique de celui qui acquiert les qualités brahmaniques est qu'il connaît la joie et l'enthousiasme dans le service de dévotion. La science de Dieu lui est automatiquement révélée et, ainsi éclairé, le *bhakta* s'affranchit graduellement des liens matériels et devient, par la grâce divine, en mesure d'éclaircir les doutes qui assombrissaient son esprit. Devenu une âme libérée, il peut voir le Seigneur dans chaque circonstance de sa vie. Telle est la perfection du *sambhava,* l'adoration du Seigneur Suprême décrite dans ce *mantra*.

Mantra Quatorze

सम्भूतिं च विनाशं च यस्तद्वेदोभयँ सह ।
विनाशेन मृत्युं तीर्त्वा सम्भूत्यामृतमश्नुते ॥

sambhūtiṁ ca vināśaṁ ca
yas tad vedobhayaṁ̐ saha
vināśena mṛtyuṁ tīrtvā
sambhūtyāmṛtam aśnute

sambhūtim : l'éternelle Personne Divine, Son nom, Sa forme, Ses divertissements, Ses attributs, Son entourage et Son royaume absolus ; *ca :* et ; *vināśam :* la manifestation matérielle temporaire, avec ses *devas,* ses hommes, ses animaux... et leurs noms, leurs gloires et tant d'autres attributs illusoires ; *ca :* ainsi que ; *yaḥ :* celui qui ; *tat :* cela ; *veda :* sait ; *ubhayam :* les deux ; *saha :* avec ; *vināśena :* toute chose sujette à la destruction ; *mṛtyum :* la mort ; *tīrtvā :* surmontant ; *sambhūtyā :* dans le royaume éternel de Dieu ; *amṛtam :* l'immortalité ; *aśnute :* jouit de.

Il faut connaître parfaitement Dieu, Son nom, Sa forme, Ses qualités et Ses divertissements absolus, ainsi que la création matérielle éphémère et ses habitants — devas, hommes et bêtes. Alors on transcendera la mort, et avec elle, la manifestation cosmique temporaire. Dans le royaume de Dieu, on jouira de la vie éternelle, faite de félicité et de connaissance.

TENEUR ET PORTÉE: La civilisation moderne, qui se dit en progrès, a su inventer les vaisseaux spatiaux et découvrir l'énergie atomique, mais elle demeure impuissante face à la naissance, la maladie, la vieillesse et la mort. Lorsque, faisant preuve d'intelligence, on questionne les savants sur ces problèmes, ceux-ci répondent très habilement que la science est en plein essor et qu'elle saura, dans l'avenir, y trouver une solution. De telles réponses prouvent qu'ils ne savent rien des lois de la nature. Dans la nature, tout être est soumis à des lois sévères et doit passer par les six étapes de la vie : la naissance, la croissance, la maturité, la reproduction, la vieillesse et la mort. Personne n'échappe à ces lois immuables et aucun être, qu'il soit *deva,* homme, bête ou plante, ne peut prolonger indéfiniment son existence en ce monde.

Bien entendu, la durée de la vie varie selon les espèces. Brahmā, le plus important des êtres vivants, vit des millions d'années, quand certains microbes n'existent que pour quelques heures. Cependant, quelle que soit la durée de la vie, la mort demeure inévitable ici-bas. Tout est sujet, après la naissance ou la création, à survivre un certain temps pour finalement dépérir et être anéanti. Sous le joug de cette loi, tous les êtres doivent tôt ou tard payer leur tribut à la mort, qui n'épargne pas même les Brahmās. C'est pourquoi on désigne l'univers matériel sous le nom de Martyaloka, le domaine de la mort.

Savants et politiciens matérialistes, parce qu'ils n'ont aucune connaissance des Écritures védiques et ne savent pas que la vie éternelle appartient au monde spirituel, cherchent à vaincre la mort en ce monde. Les Écritures regorgent pourtant d'une connaissance confirmée par l'expérience transcendantale ; hélas, l'homme d'aujourd'hui répugne à accepter la connaissance que contiennent les *Vedas,* les *Purāṇas* et les autres Écritures sacrées.

Nous trouvons dans le *Viṣṇu Purāṇa* (6.7.61) l'information suivante :

viṣṇu-śaktiḥ parā proktā
kṣetrajñākhyā tathā parā
avidyā-karma-saṁjñānyā
tṛtīyā śaktir iṣyate

Le Seigneur possède deux énergies principales : la puissance supérieure *(parā-śakti)* et la puissance inférieure *(aparā-śakti)*. Les êtres vivants appartiennent à l'énergie supérieure, alors que la nature matérielle dont ils sont captifs constitue l'énergie inférieure. C'est de cette énergie, qui recouvre les êtres du voile de l'ignorance et les pousse aux actes fondés sur l'intérêt personnel, qu'est issue la création matérielle. Mais au-delà de ces deux énergies existe une énergie encore supérieure, qui est le royaume éternel et immortel du Seigneur dont parle la *Bhagavad-gītā* (8.20) :

paras tasmāt tu bhāvo 'nyo
'vyakto 'vyaktāt sanātanaḥ
yaḥ sa sarveṣu bhūteṣu
naśyatsu na vinaśyati

Les planètes matérielles dont l'univers est parsemé — des plus hautes, aux intermédiaires et aux plus basses — n'existent que durant la vie de Brahmā. Certaines planètes inférieures sont même anéanties après chaque jour de Brahmā, et recréées au début du jour suivant. La notion de temps diffère sur les planètes supérieures et sur la nôtre. L'une de nos années, par exemple, équivaut à seulement vingt-quatre heures, ou un jour et une nuit, sur beaucoup de ces planètes. Le cycle des quatre âges, (Satya, Tretā, Dvāpara et Kali) qui sur terre dure 4 320 000 ans, n'y dure que 12 000 ans. Mille de ces cycles font une journée de Brahmā, et sa nuit dure autant. Brahmā vit ainsi pendant cent ans, et à la fin de sa vie, la manifestation cosmique tout entière est détruite.

Durant la nuit de Brahmā, tous les habitants des systèmes planétaires supérieurs (comme le soleil et la lune), intermédiaires (comme la terre) et inférieurs, sont submergés par les eaux de la dévastation. Durant cette longue nuit, tous les êtres continuent d'exister spirituellement, mais dans un état non manifesté, que l'on appelle *avyakta,* et que l'on retrouve également à la fin de la vie de Brahmā. Il existe cependant, au-delà de ces deux états de non-manifestation, un troisième état où la matière n'est pas manifestée : c'est le monde spirituel, avec ses innombrables planètes éternelles, qui continue d'exister même après l'anéantissement des planètes matérielles.

La manifestation cosmique constituant l'énergie inférieure du Seigneur et dont chaque univers est régi par un Brahmā particulier déploie seulement un quart de la puissance du Seigneur *(ekapād-vibhūti)*. Le monde spirituel échappe, quant à lui, à la juridiction des divers Brahmās. Déployant les trois quarts de la puissance du Seigneur, il est appelé *tri-pāda-vibhūti*, et il constitue l'énergie supérieure du Seigneur, la *parā-prakṛti*.

C'est là, dans le monde spirituel, que règne Śrī Kṛṣṇa, la Personne Suprême. Ainsi que l'indique la *Bhagavad-gītā* (8.22), le seul moyen de L'approcher est le pur service de dévotion. Ni le *jñāna* (la recherche philosophique), ni le *yoga* (la recherche des pouvoirs surnaturels), et encore bien moins le *karma* (l'action intéressée) ne permettent de le faire. Les *karmīs* peuvent s'élever jusqu'aux Svargalokas (planètes supérieures, comme le soleil et la lune). Les *jñānīs* et les *yogīs*, eux, peuvent atteindre des planètes plus élevées encore, comme Brahmaloka, Maharloka ou Tapoloka, d'où ils peuvent continuer à progresser en pratiquant le service de dévotion jusqu'à entrer dans le monde spirituel, soit dans la lumière du Brahman irradiant du royaume de Dieu, soit sur les planètes spirituelles, selon leur mérite. Une chose est certaine cependant, personne ne peut entrer dans les planètes spirituelles, les Vaikuṇṭhalokas, s'il n'a pratiqué le service de dévotion.

Tous les êtres en ce monde, de Brahmā jusqu'à la plus petite fourmi, veulent dominer la nature ; c'est ce qu'on appelle la fièvre matérielle. Tant que cette fièvre n'est pas tombée, l'être vivant reste assujetti au cycle de la transmigration, tantôt *deva*, tantôt homme ou animal…, et lors des grandes dévastations (à la fin de chaque jour de Brahmā et à la fin de sa vie) il sera plongé dans l'état non manifesté. Pour mettre fin à cette répétition de morts et de renaissances et à leurs corollaires, la vieillesse et la maladie, nous devons essayer d'atteindre les planètes spirituelles pour y vivre auprès de Śrī Kṛṣṇa ou de Ses innombrables émanations plénières, les Nārāyaṇas. La souveraineté de Kṛṣṇa et de Ses émanations sur ces planètes est confirmée par les *śruti-mantras* dans ces termes : *eko vaśī sarva-gaḥ kṛṣṇa īḍyaḥ/ eko 'pi san bahudhā yo 'vabhāti.* (*Gopala-tāpanī Upaniṣad,* 1.3.21)

Nul ne peut dominer Kṛṣṇa. L'âme conditionnée qui essaie d'asservir la nature matérielle doit au contraire en subir les lois implacables et souffrir dans le cycle des morts et des renaissances. Le Seigneur descend dans l'univers matériel afin de rétablir les principes de la religion, dont l'objet est de conduire les âmes conditionnées vers l'abandon à Lui. Cet abandon total est la dernière instruction de la *Bhagavad-gītā* (18.66) : *sarva-dharmān parityaya mām ekaṁ śaraṇaṁ vraja* — « Laisse là toute autre méthode, et abandonne-toi simplement à Moi. » Malheureusement des commentateurs peu scrupuleux ont trahi cet enseignement fondamental et ainsi trompé de nombreux innocents. Ceux-ci ont été incités à ouvrir des hôpitaux mais pas du tout à s'instruire du service de dévotion qui leur permettrait d'entrer dans le monde spirituel. Ils ont appris à ne s'intéresser qu'au soulagement temporaire au lieu du véritable bonheur de l'âme. Ils créent toutes sortes d'institutions nationales ou privées destinées à maîtriser le pouvoir dévastateur de la nature mais ils n'arrivent pas à apaiser cette insurmontable puissance. Beaucoup de théologiens, réputés pour être des spécialistes de la *Bhagavad-gītā,* dédaignent la méthode que donne la *Bhagavad-gītā* (7.14) afin de surmonter la nature matérielle ; cette méthode consiste à s'éveiller à la conscience de Dieu.

La *Śrī Īśopaniṣad* nous enseigne dans ce *mantra* qu'il faut connaître simultanément le *sambhūti* (la Personne Suprême) et le *vināśa* (la manifestation cosmique temporaire). La seule connaissance de la manifestation cosmique ne nous sera d'aucun secours car, dans l'univers matériel, on rencontre la destruction à chaque pas *(ahany ahani bhūtāni gacchantīha yamālayam)* et ce n'est pas en ouvrant des hôpitaux que l'on s'en préservera. Nous ne serons sauvés qu'en reprenant conscience de notre nature éternelle, toute de félicité et de connaissance, but auquel veut nous mener la culture védique. L'homme se laisse souvent détourner par des activités attirantes mais éphémères, orientées vers le plaisir des sens, qui toutes ne peuvent que l'égarer et le dégrader.

Il est donc de notre devoir de sauver notre prochain ainsi que nous-mêmes, mais il faut savoir comment le faire correctement. Il n'est pas question d'aimer ou de ne pas aimer la vérité ; elle est là, immuable. Si nous voulons échapper au cycle des morts et des renaissances, il faut s'engager avec dévotion au service du Seigneur. Il ne s'agit pas de faire de compromis car c'est une question de nécessité absolue.

Mantra Quinze

हिरण्मयेन पात्रेण सत्यस्यापिहितं मुखम् ।
तत्त्वं पूषन्नपावृणु सत्यधर्माय दृष्टये ॥

hiraṇmayena pātreṇa
satyasyāpihitaṁ mukham
tat tvaṁ pūṣann apāvṛṇu
satya-dharmāyā dṛṣṭaye

hiraṇmayena : par une radiance dorée ; *pātreṇa :* par un voile éblouissant ; *satyasya :* de la Vérité Suprême ; *apihitam :* couvert ; *mukham :* le visage ; *tat :* ce voile ; *tvam :* Ta Personne ; *pūṣan :* ô Toi qui maintiens ; *apāvṛṇu :* aie la bonté d'ôter ; *satya :* pur ; *dharmāya :* au *bhakta ; dṛṣṭaye :* pour montrer.

Ô mon Seigneur, maintien de toute vie, Ton éblouissante radiance me cache Ton vrai visage. Enlève, je T'en prie, ce voile de lumière, et révèle-Toi à Ton pur dévot.

TENEUR ET PORTÉE: Dans la *Bhagavad-gītā* (14.27), le Seigneur décrit ainsi l'éclatante lumière *(brahmajyoti)* irradiant de Sa Personne :

brahmaṇo hi pratiṣṭhāham
amṛtasyāvyayasya ca
śāśvatasya ca dharmasya
sukhasyaikāntikasya ca

« Je suis la base du Brahman impersonnel, lequel est immortel, impérissable, éternel, et constitue le principe même du bonheur ultime. » Le Brahman, le Paramātmā et Bhagavān sont les trois aspects d'une même Vérité. Le Brahman en constitue l'aspect le plus facilement accessible au spiritualiste néophyte. Lorsqu'il progresse, ce dernier prend conscience du second aspect de la Vérité Absolue, le Paramātmā, puis il en réalise l'aspect ultime, Bhagavān. La *Bhagavad-gītā* confirme encore cela dans le septième verset du chapitre sept où Kṛṣṇa dit qu'Il est le concept ultime de la Vérité Absolue : *mattaḥparataraṁ nānyat*. Kṛṣṇa est donc la source du *brahmajyoti* ainsi que du Paramātmā omniprésent. Un peu plus loin dans la *Bhagavad-gītā* (10.42), Il ajoute :

atha vā bahunaitena
kiṁ jñātena tavārjuna
viṣṭabhyāham idaṁ kṛtsnam
ekāṁśena sthito jagat

« Mais à quoi bon, ô Arjuna, tout ce détail ? D'une part infime de Ma personne, Je pénètre et soutiens l'univers tout entier. » Ce *mantra* de l'*Īśopaniṣad* appelle donc le Seigneur *pūṣan*, l'ultime soutien, car non seulement Il soutient l'entière manifestation cosmique grâce à Son émanation plénière, le Paramātmā omniprésent, mais Il maintient également le monde spirituel.

Śrī Kṛṣṇa, la Personne Suprême, jouit d'une félicité spirituelle absolue *(ānanda-mayo 'bhyāsāt)*. Lorsqu'Il descendit sur terre il y a 5 000 ans à Vṛndāvana, en Inde, tous Ses divertissements, depuis Sa toute petite enfance, débordaient de félicité transcendantale. Même l'anéantissement de monstres comme Agha, Baka, Pūtanā et Pralamba n'était qu'un amusement pour Lui. Il Se divertissait dans Son village avec Sa mère, Son frère et Ses amis, et lorsqu'Il jouait le rôle d'un espiègle petit chapardeur de beurre, Il les remplissait tous d'une joie céleste. Sa réputation de chapardeur de beurre n'a rien de condamnable puisqu'Il n'agissait ainsi que pour la joie de Ses purs dévots. En fait, lorsque le Seigneur Se trouvait à Vṛndāvana, toutes Ses actions avaient pour objectif le plaisir de Ses compagnons. Il a aussi créé ces divertissements pour attirer l'attention des philosophes desséchés et des « contorsionnistes », pseudo-adeptes du *haṭha-yoga,* vers l'aspect personnel de la Vérité Absolue.

Dans le *Śrīmad-Bhāgavatam* (10.12.11), Śukadeva Gosvāmī commente ainsi les divertissements d'enfance du Seigneur en compagnie des jeunes pâtres de Vṛndāvana :

itthaṁ satāṁ brahma-sukhānubhūtyā
dāsyaṁ gatānāṁ para-daivatena
māyāśritānāṁ nara-dārakeṇa
sākaṁ vijahruḥ kṛta-puṇya-puñjāḥ

« Dieu, la Personne Absolue en qui les *bhaktas* reconnaissent le Seigneur Suprême qu'ils adorent dans un sentiment de service, que les *jñānīs* perçoivent sous la forme du Brahman impersonnel et béatifique, et que les matérialistes considèrent comme une personne ordinaire, jouait avec les jeunes pâtres de Vṛndāvana ; si ces jeunes pâtres pouvaient jouir de la présence du Seigneur, c'est grâce aux innombrables actes de piété qu'ils avaient accomplis au cours de leurs vies précédentes. » Une relation particulière unit au Seigneur, dans un sentiment d'amour transcendantal, chacun de Ses purs dévots ; cette relation peut s'exprimer de cinq manières différentes : *śānta* (relation neutre ou passive), *dāsya* (relation unissant serviteur et maître), *sakhya* (relation d'amitié), *vātsalya* (relation unissant parents et enfants) et *mādhurya* (relation d'amour conjugal).

Il est dit que le Seigneur ne quitte jamais Vṛndāvana ; comment alors veille-t-Il au maintien de la création ? La *Bhagavad-gītā* (13.14–18) répond en disant que Kṛṣṇa pénètre partout dans l'univers matériel sous Sa forme de Paramātmā. Le Seigneur ne S'occupe pas personnellement de la création, du maintien et de la destruction de la manifestation cosmique ; Il y veille indirectement par l'entremise du Paramātmā, Son émanation plénière. Tous les êtres sont des *ātmās* (âmes spirituelles) et l'*ātmā* qui domine tous les autres est le Paramātmā, l'Âme Suprême.

Ce système menant à la réalisation de Dieu est une grande science. Les *sāṅkhya-yogīs* matérialistes ne peuvent qu'analyser dans leur méditation les vingt-quatre éléments de la nature matérielle, car ils ne savent presque rien du Seigneur, le Puruṣa ; et les spiritualistes impersonnels, eux, sont détournés de la vision de Dieu par Son éclat éblouissant, le *brahmajyoti*. Or, la Vérité Absolue n'est réalisée dans tous Ses aspects que par celui qui sait voir, non seulement au-delà des vingt-quatre éléments matériels, mais aussi au-delà de la radiance du *brahmajyoti*. C'est pourquoi, dans l'*Īśopaniṣad*, on prie le Seigneur d'enlever le voile éblouissant *(hiraṇmaya-pātra)* qui cache Sa forme personnelle. À moins d'ôter ce voile, il nous est impossible de percevoir le vrai visage de la Personne Divine et de réaliser dans Sa plénitude la Vérité Absolue.

Le Paramātmā, l'Âme Suprême sise au cœur de chaque être, est l'une des trois émanations plénières de la Personne Suprême, les *viṣṇu-tattvas* réunis sous le nom de *puruṣa-avatāras*. On l'appelle aussi Kṣīrodakaśāyī Viṣṇu, et Il est le Viṣṇu de la triade Brahmā, Viṣṇu, Śiva. Garbhodakaśāyī Viṣṇu, l'Âme cosmique suprême, est la deuxième émanation plénière ; au-delà de ces deux *viṣṇu-tattvas* Se trouve Kāraṇodakaśāyī Viṣṇu, le créateur de tous les univers. Le *yoga* apprend à ceux qui étudient sérieusement la science spirituelle à percevoir ces *viṣṇu-tattvas* après s'être élevés au-delà des vingt-quatre éléments de la nature matérielle, tandis que l'étude de la philosophie empirique les aide à réaliser le *brahmajyoti* impersonnel. La *Bhagavad-gītā* (14.27) atteste que le *brahmajyoti* est la radiance émanant du corps transcendantal de Kṛṣṇa et la *Brahma-saṁhitā* (5.40) le confirme ainsi :

yasya prabhā prabhavato jagad-aṇḍa-koṭi-
koṭiṣv aśeṣa-vasudhādi vibhūti-bhinnam
tad brahma niṣkalam anantam aśeṣa-bhūtaṁ
govindam ādi-puruṣaṁ tam ahaṁ bhajāmi

« Il existe, de par les millions d'univers, d'innombrables planètes, et chacune d'elles est différente des autres en raison de sa constitution cosmique ; mais toutes se trouvent seulement dans un coin du *brahmajyoti*. Ce *brahmajyoti* n'est que la radiance émanant du corps de la

Personne Suprême, Govinda, à qui je voue mon adoration. » Plusieurs *mantras* de la *Muṇḍaka Upaniṣad* (2.2.10–12) donnent encore d'autres détails sur le *brahmajyoti* :

hiraṇmaye pare kośe
virajaṁ brahma niṣkalam
tac chubhraṁ jyotiṣāṁ jyotis
tad yad ātma-vido viduḥ

na tatra sūryo bhāti na candra-tārakaṁ
nemā vidyuto bhānti kuto 'yam agniḥ
tam eva bhāntam anu bhāti sarvaṁ
tasya bhāsā sarvam idaṁ vibhāti

brahmaivedam amṛtaṁ purastād brahma
paścād brahma dakṣinataś cottareṇa
adhaś cordhvaṁ ca prasṛtaṁ brahmai-
vedaṁ viśvam idaṁ variṣṭham

« Au-delà de l'enveloppe matérielle, dans le royaume spirituel, se trouve la radiance infinie du Brahman, qui n'est aucunement souillée par la matière. Cette lumière blanche et éclatante est pour les spiritualistes la lumière d'entre les lumières. En ce royaume, il n'est nul besoin de la clarté du soleil ou de la lune, du feu ou de l'électricité. En vérité, tous les moyens de s'éclairer dans l'univers matériel ne sont que le reflet de cette lumière suprême. Ce Brahman est partout, devant, derrière, au nord, au sud, à l'est et à l'ouest, au-dessus et en dessous. En d'autres termes, sa radiance illimitée s'étend aussi bien dans les cieux matériels que dans les cieux spirituels. »

Ce *mantra* de la *Śrī Īśopaniṣad* est donc une humble prière adressée au Seigneur pour qu'Il écarte le voile du *brahmajyoti* et nous permette de voir Son vrai visage.

La connaissance parfaite consiste à connaître la source du Brahman, Śrī Kṛṣṇa. Elle est contenue dans des Écritures comme le *Śrīmad-*

Bhāgavatam, qui élabore en détail la science de la réalisation de Dieu. Śrīla Vyāsadeva, son auteur, y établit que la Vérité Absolue peut être perçue sous la forme du Brahman, du Paramātmā ou de Bhagavān selon le degré de réalisation de chacun ; mais jamais il ne décrit la Vérité Suprême comme étant le *jīva,* le simple être vivant. Celui-ci ne doit jamais être considéré comme la Vérité Suprême et toute-puissante ; s'il l'était, quel besoin aurait-il de prier le Seigneur pour qu'Il ôte Son voile éblouissant et montre Son vrai visage.

En conclusion, on réalise le Brahman impersonnel lorsqu'on ignore les diverses énergies de la Vérité Absolue, et on réalise le Paramātmā lorsque l'on prend conscience de Ses énergies matérielles tout en ne connaissant pas ou très peu Ses énergies spirituelles. Ces formes de réalisation de la Vérité Absolue sont donc toutes deux incomplètes. Mais lorsqu'on est pleinement réalisé, après que le Seigneur a enlevé l'*hiraṇmaya-pātra,* le voile éblouissant, on comprend que Kṛṣṇa, Vāsudeva, est tout *(vāsudevaḥ sarvam iti).* Il est à la fois le Brahman, le Paramātmā et Bhagavān. Kṛṣṇa, ou Bhagavān, est la racine, et le Brahman et le Paramātmā sont Ses branches.

À ces trois degrés de réalisation correspondent trois catégories de spiritualistes : les *jñānīs* (ceux qui révèrent le Brahman impersonnel), les *yogīs* (ceux qui révèrent le Paramātmā) et les *bhaktas* (les dévots du Seigneur, Śrī Kṛṣṇa). La *Bhagavad-gītā* (6.46–47) fait une analyse comparative de ces trois catégories et précise que celui qui cultive la connaissance védique, le *jñānī,* est supérieur à l'homme ordinaire qui n'agit qu'en vue de jouir du fruit de ses actes ; mais le *yogī* surpasse le *jñānī* et, de tous les *yogīs,* celui qui sert constamment le Seigneur de tout son être (le *bhakta*) est le plus grand. En résumé, le philosophe est plus évolué que celui qui peine pour quelque bienfait matériel, le *yogī* est supérieur au philosophe et le *bhakti-yogī,* celui qui sert constamment le Seigneur, est le plus élevé de tous. Et c'est vers cette perfection que nous guide la *Śrī Īśopaniṣad.*

Mantra Seize

पूषन्नेकर्षे यम सूर्य प्राजापत्य
व्यूह रश्मीन् समूह तेजो ।
यत्ते रूपं कल्याणतमं तत्ते पश्यामि
योऽसावसौ पुरुषः सोऽहमस्मि ॥

pūṣann ekarṣe yama sūrya prājāpatya
vyūha raśmīn samūha tejo
yat te rūpaṁ kalyāṇatamaṁ tat te paśyāmi
yo 'sāv asau puruṣaḥ so 'ham asmi

pūṣan : celui qui maintient ; *ekarṣe :* le philosophe originel ; *yama :* le principe régulateur ; *sūrya :* la destinée des *sūris* (les grands dévots) ; *prājāpatya :* le bienfaiteur des Prajāpatis (les procréateurs de l'humanité) ; *vyūha :* aie la bonté d'enlever ; *raśmīn :* les rayons ; *samūha :* aie la bonté d'ôter ; *tejaḥ :* la radiance ; *yat :* afin que ; *te :* Ta ; *rūpam :* forme ; *kalyāṇa-tamam :* très propice ; *tat :* que ; *te :* de Toi ; *paśyāmi :* je puisse voir ; *yaḥ :* celui qui est ; *asau :* comme le soleil ; *asau :* cette ; *puruṣaḥ :* Personne Divine ; *saḥ :* moi ; *aham :* je ; *asmi :* suis.

Ô mon Seigneur, Tu es le philosophe originel, le soutien de l'univers et le principe qui le règle. Ô destinée des purs bhaktas et bienfaiteur des procréateurs de l'humanité, ôte, je T'en prie, l'éblouissante lumière qui irradie de Toi pour que je puisse voir Ta forme de félicité. Tu

es Dieu, la Personne Suprême et éternelle, semblable au soleil comme je le suis aussi.

TENEUR ET PORTÉE: De même que le soleil et ses rayons, le Seigneur et les êtres vivants participent d'une même nature. Le soleil est un, mais les particules composant ses rayons sont innombrables ; les rayons font partie du soleil, mais c'est conjointement qu'ils forment un tout. Et de même que le *deva* du soleil règne sur le soleil, le Seigneur règne sur Goloka Vṛndāvana, la planète spirituelle suprême d'où émane le *brahmajyoti* resplendissant. Comme l'indique la *Brahma-saṁhitā* (5.29), c'est là qu'Il Se livre à Ses divertissements éternels :

cintāmaṇi-prakara-sadmasu kalpa-vṛkṣa-
lakṣāvṛteṣu surabhīr abhipālayantam
lakṣmī-sahasra-śata-sambhrama-sevyamānaṁ
govindam ādi-puruṣaṁ tam ahaṁ bhajāmi

« J'adore Govinda, le Seigneur primordial, le père de tous les êtres. En des lieux où abondent les joyaux *cintāmaṇi* et les arbres-à-souhaits, Il garde Ses troupeaux de vaches transcendantales qui exaucent tous les désirs. Il y est servi avec une vénération et une affection intenses par des centaines de milliers de déesses de la fortune. »

S'il n'a percé l'éclat du *brahmajyoti,* nul ne peut connaître la demeure divine. Aveuglés par cet éclat et limités par leur manque de connaissance, les philosophes impersonnalistes ne peuvent jamais voir la forme transcendantale du Seigneur, pas plus qu'ils ne peuvent voir Goloka, Son royaume éternel. La *Śrī Īśopaniṣad* prie donc ici le Seigneur d'écarter les rayons éblouissants du *brahmajyoti* afin que le pur dévot puisse voir Sa forme absolue, toute de félicité.

La réalisation du Brahman impersonnel nous permet d'entrer en contact avec un aspect sublime de l'Absolu, et la réalisation du Paramātmā omniprésent nous donne d'expérimenter une illumination plus propice encore ; mais on connaît la sublimité suprême lorsqu'on rencontre face à face la Personne Divine Elle-même. Dieu, la plus haute Vérité, étant le soutien de tous les univers, le philosophe originel et le bienfaiteur de tous les êtres, on ne peut Le dire impersonnel. Tel est le verdict de la *Śrī Īśopaniṣad*. Le mot *pūṣan*, « soutien », est ici très significatif : bien que le Seigneur maintienne tous les êtres, c'est avec un soin particulier qu'Il S'occupe de Ses dévots. Ayant dépassé le *brahmajyoti* impersonnel et contemplé Son aspect personnel, les dévots réalisent la Vérité Absolue dans Sa plénitude.

Dans son *Bhāgavata-sandarbha*, Śrīla Jīva Gosvāmī a noté à ce sujet les mots suivants : « Sachez, grands sages, que tous les aspects de la Vérité Absolue sont présents en la Personne Divine, car Elle est omnipotente et pourvue de toutes les puissances transcendantales. La Vérité Absolue ne Se manifeste pas dans Sa totalité dans le *brahmajyoti*, et c'est pourquoi la réalisation du Brahman impersonnel n'est que partielle. La première syllabe du mot Bhagavān, *bha*, a un double sens : « Celui qui maintient tout parfaitement » et « gardien » ; la deuxième syllabe, *ga*, veut dire « guide », « chef », ou « créateur » ; et *vān* indique que tous les êtres vivent en Lui et qu'Il vit en tous les êtres. En d'autres termes, le mot transcendant « Bhagavān » désigne Celui qui possède, à l'infini, la connaissance, la puissance, l'énergie, l'opulence, la force et le prestige, tous ces attributs étant entièrement exempts de toute altération matérielle. »

Le Seigneur pourvoit à tous les besoins de Ses purs dévots et les guide progressivement vers la perfection de la dévotion. À ce stade, Il leur accorde le fruit de la dévotion en S'offrant Lui-même à eux. Par Sa grâce infinie, ceux-ci peuvent Le voir face à face et, avec Son aide, se rendre sur la planète spirituelle suprême, Goloka Vṛndāvana. Le Seigneur est le créateur, Il peut donc donner à ceux qui Le servent toutes les qualités nécessaires pour venir à Lui. Il est la cause première, la cause de toutes les causes, puisque rien n'est à l'origine de Sa Personne. Par conséquent, à travers la manifestation de Sa puissance interne, c'est en fait de Lui-même qu'Il jouit. La puissance externe du Seigneur procède, elle, indirectement de Lui à travers les *puruṣa-avatāras*, par qui Il crée, maintient et détruit l'univers matériel.

Les êtres vivants sont des émanations distinctes de la Personne du Seigneur, et lorsque certains d'entre eux manifestent le désir de devenir Dieu et de L'imiter, Celui-ci leur permet d'entrer dans la création matérielle, où ils peuvent se livrer totalement à leur instinct de domination. C'est en raison de leur présence que la manifestation cosmique entre en mouvement. Le Seigneur leur procure toute facilité pour tenter de dominer la nature matérielle, mais Il n'en demeure pas moins le maître ultime sous la forme de l'Âme Suprême, l'un des *puruṣa-avatāras*. Il existe donc une énorme différence entre l'âme (l'*ātmā*) et l'Âme Suprême (le Paramātmā). Le Paramātmā domine, l'*ātmā* est dominé ; ils appartiennent à des catégories bien distinctes. Mais le Paramātmā n'en est pas moins le compagnon constant de l'*ātmā*, avec qui Il coopère pleinement.

Le Brahman est l'aspect omniprésent du Seigneur ; il existe aussi bien pendant les états de veille et de sommeil que pendant l'état potentiel, et les âmes conditionnées ou libérées constituant la *jīva-śakti* (la force vivante) proviennent de Lui. Le Seigneur Suprême Se trouvant à l'origine aussi bien du Brahman que du Paramātmā, est la source des êtres vivants comme de tout ce qui existe.

Celui qui possède ce savoir s'engage aussitôt avec dévotion au service du Seigneur. Pur et illuminé par la connaissance, il s'attache de tout son cœur et de toute son âme à la Personne Divine. S'il se joint à d'autres dévots, ils n'ont tous ensemble d'autre occupation que la louange des actes transcendantaux du Seigneur. Les spiritualistes moins accomplis, ceux qui n'ont réalisé que le Brahman ou le Paramātmā, ne peuvent apprécier à leur juste valeur les actes d'êtres aussi parfaitement réalisés. Le Seigneur aide constamment Ses purs dévots en leur insufflant au fond du cœur la connaissance nécessaire pour dissiper complètement les ténèbres de l'ignorance. Ni les philosophes, ni les *yogīs* ne peuvent concevoir cela, car leur progrès spirituel à eux dépend plus ou moins de leur propre force. La *Kaṭha Upaniṣad* (1.2.23) enseigne clairement que seuls ceux à qui le Seigneur accorde Sa grâce peuvent Le connaître en Personne. Cette grâce d'accéder au Seigneur, au-delà du *brahmajyoti*, n'est accordée qu'aux purs dévots, et c'est cette bénédiction que l'on demande au Seigneur dans ce *mantra* de la *Śrī Īsopaniṣad*.

Mantra Dix-sept

वायुरनिलममृतमथेदं भस्मान्तं शरीरम् ।
ॐ क्रतो स्मर कृतं स्मर क्रतो स्मर कृतं स्मर ॥

vāyur anilam amṛtam
athedaṁ bhasmāntaṁ śarīram
oṁ krato smara kṛtaṁ smara
krato smara kṛtaṁ smara

vāyuḥ : le souffle vital ; *anilam :* la totalité de l'air ; *amṛtam :* indestructible ; *atha :* maintenant ; *idam :* ce ; *bhasmāntam :* après avoir été réduit en cendres ; *śarīram :* le corps ; *oṁ :* ô Seigneur ; *krataḥ :* ô bénéficiaire de tous les sacrifices ; *smara :* s'il Te plaît, souviens-Toi ; *kṛtam :* tout ce que j'ai fait ; *smara :* s'il Te plaît, souviens-Toi ; *krataḥ :* ô bénéficiaire suprême ; *smara :* s'il Te plaît, souviens-Toi ; *kṛtam :* tout ce que j'ai fait pour Toi ; *smara :* s'il Te plaît, souviens-Toi.

Que ce corps éphémère soit réduit en cendres et que son souffle vital se fonde dans la totalité de l'air. Maintenant, ô Seigneur, souviens-Toi, je T'en prie, de tous mes sacrifices ; n'oublie pas, Toi le bénéficiaire ultime, tout ce que j'ai fait pour Toi.

TENEUR ET PORTÉE: Le corps matériel éphémère est certainement pour nous un vêtement étranger. La *Bhagavad-gītā* (2.20) établit clairement que l'être survit à la destruction du corps matériel et qu'il ne perd jamais son identité propre, ce que confirme ce *mantra* de la *Śrī*

Īśopaniṣad. L'âme n'est jamais impersonnelle et dépourvue de forme, comme le croient les ignorants ; c'est au contraire le corps matériel qui n'a pas de forme en soi et doit prendre la forme que l'âme immortelle lui impose. Ce *mantra* démontre que l'être vivant continue d'exister après la destruction du corps.

La nature matérielle façonne merveilleusement les corps selon les désirs de chaque être vivant. Celui qui désire manger des ordures obtiendra un corps approprié, tel celui d'un porc, et celui qui aime se nourrir de sang et de chair deviendra un tigre pourvu de crocs et de griffes. Mais l'être humain, lui, n'a pas été créé pour se nourrir de chair animale et même dans son état le plus primitif, il n'a aucune attirance pour les immondices. Les dents de l'homme sont faites pour croquer et mâcher des fruits et des légumes, bien qu'il ait deux canines, permettant aux hommes primitifs de manger de la viande s'ils le désirent.

Mais qu'ils soient humains ou animaux, ces corps sont étrangers à l'être vivant et changent selon la forme de jouissance qu'ils convoitent. Les êtres transmigrent d'un corps à un autre à travers le cycle d'évolution des espèces, passant des formes aquatiques (lorsque la terre était recouverte par les eaux) aux formes végétales, des végétaux aux reptiles, aux oiseaux, aux mammifères terrestres, pour finalement obtenir la forme humaine. Lorsqu'elle possède la connaissance spirituelle, on considère la forme humaine comme la plus évoluée des espèces vivantes ; ce *mantra* décrit cette spiritualité à son plus haut stade de développement : il faut savoir quitter le corps matériel, bientôt réduit en cendres, et laisser le souffle vital se fondre dans l'éternelle totalité de l'air. Le corps entre en mouvement sous l'effet de différentes sortes d'airs subtils, réunis sous le nom global de *prāṇa-vāyu.* Les *yogīs* apprennent, en maîtrisant ces souffles, à amener l'âme d'un centre vital à un autre, jusqu'au *brahma-randhra,* le plus élevé d'entre eux. De là, le *yogī* accompli peut quitter son corps et se rendre sur la planète de son choix. Ce processus consiste à quitter un corps matériel pour en reprendre un autre. Mais, comme l'indique ce *mantra,* la plus haute perfection est atteinte lorsqu'on abandonne pour toujours son enveloppe charnelle, et qu'on accède au monde spirituel où l'on obtient un corps d'un genre tout à fait différent — un corps purement spirituel, qui n'est sujet ni au changement ni à la mort.

En ce monde, la nature nous force à transmigrer d'un corps à l'autre selon nos désirs matériels. Chaque être, du microbe au *deva*, possède un corps fait de matière façonnée de diverses manières en conformité avec ses désirs. L'homme intelligent voit l'unité non pas dans la variété des corps, mais dans leur identité spirituelle. Qu'elle habite le corps d'un porc ou d'un *deva*, l'âme est toujours la même : elle demeure une partie intégrante de Dieu.

Les divers corps traduisent les actes passés de l'être, coupables ou vertueux. Le corps humain, quant à lui, est très évolué et possède une conscience totalement développée. Selon la *Bhagavad-gītā* (7.19), la forme achevée de la conscience se manifeste par l'abandon total au Seigneur Suprême, et une telle perfection ne peut s'atteindre qu'après avoir cultivé la connaissance au long d'innombrables existences. Le simple fait de réaliser notre identité spirituelle ne suffit pas ; il faut arriver au point de comprendre que l'âme est une parcelle infime et éternelle de Dieu et qu'elle ne peut jamais devenir le Tout, sans quoi on doit revenir à nouveau dans l'univers matériel, même après s'être fondu dans le *brahmajyoti*.

Comme nous l'avons appris au cours des *mantras* précédents, le *brahmajyoti* qui émane du corps spirituel du Seigneur est peuplé d'un nombre infini d'étincelles spirituelles, pleinement conscientes de leur existence individuelle. Lorsqu'il arrive à ces êtres de vouloir jouir de leurs sens indépendamment, ils sont placés dans le monde matériel pour y jouer à leur guise « au Seigneur » en suivant la dictée de leurs sens. Le désir de dominer est le mal dont souffre l'être conditionné, car cette fascination pour les plaisirs de ce monde le contraint de transmigrer d'un corps à l'autre. Se fondre dans le *brahmajyoti* ne représente donc pas l'aboutissement de la connaissance. On n'arrive au stade ultime de la perfection qu'en s'abandonnant totalement au Seigneur, et en développant le sens du service spirituel.

Par ce *mantra*, l'être demande à entrer dans le royaume de Dieu une fois abandonnés son souffle vital et son corps matériel. Avant que son corps ne soit réduit en cendres, il prie le Seigneur de bien vouloir Se souvenir des actes pieux et des sacrifices qu'il a accomplis durant son existence. Il récite cette prière au moment de mourir, en pleine conscience de ses actes passés ainsi que du but à atteindre. Celui, par contre, qui subit entièrement l'emprise de la nature matérielle, voit défiler à l'instant de la mort les actions coupables de son existence, ce qui l'oblige à reprendre un corps en ce monde. La *Bhagavad-gītā* (8.6) confirme cette vérité :

yaṁ yaṁ vāpi smaran bhāvaṁ
tyajaty ante kalevaram
taṁ tam evaiti kaunteya
sadā tad-bhāva-bhāvitaḥ

« Ô fils de Kuntī, l'état de conscience dont on conserve le souvenir à l'instant de quitter le corps détermine la condition d'existence future. » C'est ainsi que le mental emporte avec lui les tendances de l'être jusque dans sa vie suivante.

Contrairement à l'animal, dont les facultés mentales sont peu étendues, l'homme sur le point de mourir se souvient, comme dans un rêve, de tout ce qu'il a fait durant sa vie ; ces souvenirs gardent son esprit chargé de désirs matériels qui l'empêchent d'entrer dans le royaume spirituel avec un corps spirituel. Le *bhakta,* cependant, par la pratique du service de dévotion, développe tout au long de sa vie son amour pour Dieu, de sorte que même si au moment de la mort il oublie ses activités spirituelles, le Seigneur, Lui, S'en souviendra. Ce *mantra* prie la Personne Suprême de Se souvenir des sacrifices de Son dévot mais, même sans ce rappel, le Seigneur n'oubliera pas le service rendu.

Dans la *Bhagavad-gītā* (9.30–34), Kṛṣṇa montre la profonde intimité de Sa relation avec Ses dévots : « Commettrait-il les pires actes, il faut considérer comme un saint homme celui qui est engagé dans le service de dévotion, car il est situé sur la voie juste. Il se rectifie rapidement et trouve la paix éternelle. Tu peux le proclamer avec force, ô fils de Kuntī, jamais Mon dévot ne périra. Quiconque prend refuge en Moi, fût-il de basse naissance, peut atteindre la destination suprême. Que dire alors des vertueux *brāhmaṇas*, des *bhaktas* et des saints rois. Maintenant que tu te trouves en ce monde éphémère et misérable, consacre-toi avec amour à Mon service. Emplis toujours de Moi ton mental, deviens Mon dévot, offre-Moi ton hommage et voue-Moi ton adoration. Si tu t'absorbes ainsi entièrement en Moi, assurément, tu viendras à Moi. »

Śrīla Bhaktivinoda Ṭhākura explique ainsi ces versets : « Il faut garder à l'esprit qu'un dévot de Kṛṣṇa est sur la voie juste des grands saints, même s'il semble de caractère dissolu *(su-durācāra)*. Mais pour cela il faut bien comprendre le sens du mot *su-durācāra*. L'âme conditionnée doit agir parallèlement sur deux plans différents : d'une part, pour subvenir aux besoins du corps, de l'autre, pour chercher la réalisation de son identité spirituelle. Sur le plan matériel, l'homme doit obtenir un certain statut social, recevoir une bonne éducation, veiller à l'hygiène et à la nutrition de son corps, pratiquer l'austérité et assurer sa survie. Sur le plan spirituel, il doit perfectionner son service et sa dévotion au Seigneur. Ces deux types d'activités doivent coexister car tant qu'elle est conditionnée, l'âme doit maintenir son corps. Cependant, plus les activités dévotionnelles augmentent, plus le nombre des activités consacrées aux questions matérielles décroît. Tant que les activités spirituelles ne trouvent pas leur juste proportion, l'être risque de se livrer occasionnellement à des activités profanes, mais jamais pour très longtemps. Le Seigneur, dans Sa miséricorde, ne tarde pas à mettre un terme à ces écarts. Le service de dévotion est donc la plus parfaite des méthodes de réalisation spirituelle, car une chute occasionnelle n'empêche pas le progrès du *bhakta*. »

Les impersonnalistes ne peuvent jouir des facilités du service de dévotion, car seul les attire l'aspect impersonnel du Seigneur, le *brahmajyoti*. Comme l'ont indiqué les *mantras* précédents, ils ne peuvent percer le *brahmajyoti* puisqu'ils ne croient pas en l'existence de la Personne Suprême. Leur principal souci est de jouer avec les mots et d'ergoter sans fin. Aussi, comme le confirme le douzième chapitre de la *Bhagavad-gītā* (12.5), tous leurs efforts sont voués à l'échec. On peut au contraire, par un contact constant avec la Vérité Absolue dans Sa forme personnelle, jouir aisément des bienfaits dont parle ce *mantra*.

Le service de dévotion consiste essentiellement en neuf activités transcendantales : 1) écouter ce qui a trait au Seigneur ; 2) glorifier le Seigneur ; 3) se souvenir du Seigneur ; 4) servir les pieds pareils-au-lotus du Seigneur ; 5) adorer le Seigneur ; 6) offrir des prières au Seigneur ; 7) servir le Seigneur ; 8) se lier d'amitié avec le Seigneur ; 9) tout abandonner au Seigneur.

Individuellement ou dans leur ensemble, ces activités aident le *bhakta* à demeurer toujours en contact avec Dieu de sorte qu'au moment de la mort, il lui soit facile de se souvenir du Seigneur. De très grands dévots ont atteint la plus haute perfection par une seule de ces activités, par exemple : 1) Mahārāja Parīkṣit, le héros du *Bhāgavatam,* en écoutant louer le Seigneur ; 2) Śukadeva Gosvāmī, le narrateur du *Śrīmad-Bhāgavatam,* en glorifiant le Seigneur ; 3) Prahlāda Mahārāja, en se souvenant toujours du Seigneur ; 4) Lakṣmī, la déesse de la fortune, en servant les pieds de lotus du Seigneur ; 5) Pṛthu Mahārāja, en adorant le Seigneur ; 6) Akrūra, en priant le Seigneur ; 7) Hanumān, en offrant un service personnel au Seigneur ; 8) Arjuna, en se liant d'amitié avec le Seigneur ; 9) Bali Mahārāja, en abandonnant tout au Seigneur.

Le message de ce *mantra,* comme de presque tous les *mantras* des hymnes védiques, est résumé dans le *Vedānta-sūtra* et développé dans le *Śrīmad-Bhāgavatam.* Le *Śrīmad-Bhāgavatam* est le fruit mûr de l'arbre de la sagesse védique, et Śukadeva Gosvāmī y expose le sens de ce *mantra* en réponse aux premières questions de Mahārāja Parīkṣit. Recevoir et transmettre la connaissance divine, tel est le principe fondamental du service de dévotion, parfaitement illustré par Mahārāja Parīkṣit et Śukadeva Gosvāmī. Si Mahārāja Parīkṣit s'est adressé à Śukadeva Gosvāmī, c'est que celui-ci était le plus grand maître spirituel de tous les *yogīs* et spiritualistes de son temps. À la question du Roi Parīkṣit sur le devoir de l'homme, particulièrement au moment de la mort, Śukadeva Gosvāmī répondit :

tasmād bhārata sarvātmā
bhagavān īśvaro hariḥ

śrotavyaḥ kīrtitavyaś ca
smartavyaś cecchatābhayam

« Celui qui souhaite s'affranchir de toute anxiété doit entendre ce qui a trait à Dieu, Le louer et se souvenir de Lui, l'Âme Suprême, le maître souverain et le libérateur de tous les maux. » (*Śrīmad-Bhāgavatam,* 2.1.5)

Dans notre société dite « humaine », l'homme passe ses journées à gagner sa vie ou à s'occuper de ses affaires domestiques, et ne pense, la nuit venue, qu'à dormir ou à jouir de plaisirs sexuels. Il lui reste donc bien peu de temps pour s'enquérir et parler de la Personne Suprême. Il rejette sous toutes sortes de prétextes l'existence de Dieu, en premier lieu en Le déclarant impersonnel, c'est-à-dire privé des sens de la perception. Pourtant, les Écritures védiques — que ce soient les *Upaniṣads,* le *Vedānta-sūtra,* la *Bhagavad-gītā* ou le *Śrīmad-Bhāgavatam* — proclament que Dieu est un être conscient, doué de sens et suprême entre tous les êtres. Ses actes glorieux et Lui-même ne font qu'un, aussi, plutôt que de constamment parler ou entendre parler des politiciens matérialistes et des prétendus grands hommes, modelons notre vie de façon à utiliser chaque instant à des actes spirituels. C'est dans cette direction que la *Śrī Īśopaniṣad* nous oriente.

À moins d'avoir pratiqué le *bhakti-yoga,* comment pouvons-nous espérer nous souvenir du Seigneur au moment de la mort, quand toutes les fonctions du corps seront perturbées ? Comment pourrons-nous L'implorer de Se rappeler tous nos sacrifices ? Dénier à nos sens les plaisirs qu'ils convoitent, c'est là ce qu'il faut entendre par sacrifice. On doit s'initier à cet art tout au long de la vie, en employant nos sens au service du Seigneur. C'est au moment de la mort que l'on pourra tirer tout le profit d'une telle pratique.

Mantra Dix-huit

अग्ने नय सुपथा राये अस्मान्
विश्वानि देव वयुनानि विद्वान् ।
युयोध्यस्मज्जुहुराणमेनो
भूयिष्ठां ते नमउक्तिं विधेम ॥१८॥

agne naya supathā rāye asmān
viśvāni deva vayunāni vidvān
yuyodhy asmaj juhurāṇam eno
bhūyiṣṭhāṁ te nama uktiṁ vidhema

agne : ô mon Seigneur, puissant comme le feu ; *naya :* aie la bonté de conduire ; *supathā :* sur le droit chemin ; *rāye :* pour T'atteindre ; *asmān :* nous ; *viśvāni :* toutes ; *deva :* ô mon Seigneur ; *vayunāni :* actions ; *vidvān :* celui qui connaît ; *yuyodhi :* s'il Te plaît, écarte ; *asmat :* de nous ; *juhurāṇam :* tous les obstacles sur la voie ; *enaḥ :* tous les vices ; *bhūyiṣṭhām :* très nombreux ; *te :* à Toi ; *namaḥ-uktim :* mots d'hommages ; *vidhema :* je fais.

Ô Seigneur omnipotent, Toi qui es puissant comme le feu, je me prosterne maintenant à Tes pieds et T'offre mon hommage. Toi qui connais mes actions passées, guide-moi sur le sentier qui conduit vers Toi et libère-moi des conséquences de mes péchés, afin que mon progrès ne rencontre aucun obstacle.

TENEUR ET PORTÉE: L'appel à la miséricorde immotivée du Seigneur ainsi que l'abandon à Dieu conduisent le *bhakta* vers la pleine réalisation spirituelle. On compare ici le Seigneur au feu car comme lui, Il peut tout réduire en cendres et consumer les péchés de l'âme soumise. Les *mantras* précédents ont établi que la Personne Suprême est l'aspect ultime de l'Absolu, et Son aspect impersonnel, le *brahmajyoti,* rien d'autre que l'éblouissante radiance voilant Sa face. Sur la voie de la réalisation spirituelle, le stade le plus bas est celui du *karma-kāṇḍa,* c'est-à-dire des activités vertueuses mais centrées sur soi. En effet, dès que ces actions dévient un tant soit peu de la réglementation des *Vedas,* elles se transforment en *vikarma,* en actes mauvais accomplis au détriment de leur auteur. Ce *vikarma* est le résultat du désir de jouissance matérielle des êtres victimes de l'illusion, et il devient un rude obstacle sur le chemin spirituel.

Il existe 8 400 000 espèces vivantes, mais parmi elles, seul l'homme connaît la voie de la réalisation spirituelle ; seul l'homme peut, en recevant une éducation brahmanique, avoir connaissance de la Transcendance. L'éducation brahmanique a pour but de développer en lui les qualités du *brāhmaṇa :* probité, simplicité, maîtrise de soi, longanimité, connaissance et foi en Dieu, mais pour cela une haute parenté brahmanique n'est pas tout. L'enfant né dans une famille de *brāhmaṇas* a grande chance de devenir lui-même un *brāhmaṇa,* tout comme le fils d'un riche a toute opportunité de devenir riche à son tour. Mais il ne suffit pas de naître dans une telle famille, encore faut-il acquérir par soi-même les qualités brahmaniques. Celui qui tire orgueil de son titre de *brāhmaṇa* mais néglige d'en cultiver les qualités, se dégrade et dévie du sentier de la réalisation spirituelle. Il manque alors d'atteindre le vrai but de la vie humaine.

Dans la *Bhagavad-gītā* (6.41–42), le Seigneur nous assure que les *yoga-bhraṣṭas* (ceux qui déchoient du sentier de la réalisation spirituelle) renaîtront au sein d'une famille de *brāhmaṇas* ou d'une famille aisée, recevant ainsi une chance de corriger leurs erreurs et une meilleure possibilité de progresser vers la réalisation spirituelle. Mais si, aveuglés par l'illusion, ils n'en profitent pas, la précieuse vie humaine que leur a accordée le Seigneur tout-puissant sera de nouveau gaspillée.

Les règles de la vie religieuse sont destinées à permettre aux hommes d'accéder graduellement du niveau des activités matérielles à celui de la connaissance transcendantale. À partir de là, l'individu peut atteindre la perfection lorsque, après de nombreuses existences passées à cultiver ce savoir, il se donne entièrement au Seigneur. Tel est généralement le cours de l'évolution spirituelle, mais celui qui dès le début s'abandonne à Dieu (comme le recommande ce *mantra*) et se dévoue à Son service, dépasse immédiatement ces étapes préliminaires.

Comme il est dit dans la *Bhagavad-gītā* (18.66), le Seigneur prend instantanément soin de l'être qui s'abandonne à Lui et Il le libère de toutes les conséquences de ses péchés. Celui qui suit la voie du *karma-kāṇḍa* (actions intéressées sanctionnées par les Écritures) commet malgré tout nombre d'actes coupables et doit en subir les répercussions. Celui qui suit la voie du *jñāna-kāṇḍa* (la recherche spéculative de la Vérité) se trouve déjà moins sujet au péché ; mais celui qui a adopté la voie de l'*upāsanā-kāṇḍa* (le service de dévotion) est pratiquement à l'abri de toute faute. Non seulement le *bhakta* gagne de devenir un *brāhmaṇa* qualifié, même s'il ne l'est pas de naissance, mais il acquiert en outre toutes les qualités spirituelles du Seigneur. Si puissant est le Seigneur, qu'Il peut dégrader un fils de *brāhmaṇa* au niveau le plus vil, et vice versa, Il peut élever l'être le plus abject au niveau d'un *brāhmaṇa*, grâce au seul pouvoir du service de dévotion.

Le Seigneur tout-puissant habite le cœur de chacun et peut donner à Son dévot sincère toutes les instructions nécessaires à son progrès spirituel ; Il les lui prodigue même s'il manifeste parfois des désirs divergents. Quant aux autres, Dieu sanctionne leurs actes, mais à leurs risques et périls, alors qu'Il guide le dévot de façon à lui éviter les fautes. Il est dit en effet dans le *Śrīmad-Bhāgavatam* (11.5.42) :

sva-pāda-mūlaṁ bhajataḥ priyasya
tyaktānya-bhāvasya hariḥ pareśaḥ

vikarma yac cotpatitaṁ kathañcid
dhunoti sarvaṁ hṛdi sanniviṣṭaḥ

« Le Seigneur est si miséricordieux envers le dévot entièrement soumis à Ses pieds pareils-au-lotus que, du fond du cœur, Il le rectifie s'il lui arrive de tomber dans les rets du *vikarma* (actes contraires aux injonctions védiques). Il le fait car Ses dévots Lui sont très chers. »

Par le présent *mantra* de l'*Īśopaniṣad*, le *bhakta* demande au Seigneur de le rectifier. L'erreur est humaine ; l'être conditionné commet, qu'il le veuille ou non, des erreurs. Le seul remède à ces péchés involontaires est de se livrer en tout au Seigneur pour qu'Il nous guide et nous en préserve. Du fait que le Seigneur prend soin en personne des âmes complètement abandonnées à Lui, tous les problèmes de l'existence se dissipent. Kṛṣṇa guide de deux façons celui qui s'abandonne à Lui : sous Sa forme de Paramātmā sis dans le cœur, ou par l'intermédiaire des sages, des Écritures et du maître spirituel. Le dévot illuminé par le savoir védique est ainsi protégé de toutes parts.

La connaissance védique est purement transcendantale, et aucun système d'éducation profane ne peut nous la faire acquérir. Seule la grâce du Seigneur et du maître spirituel nous permettent de comprendre les *mantras* védiques *(yasya deve parā bhaktir yathā deve tathā gurau)*. On doit comprendre que celui qui a pris refuge auprès d'un maître spirituel a reçu la grâce du Seigneur, car c'est sous la forme du maître spirituel qu'Il apparaît à Son dévot. Ainsi, le maître spirituel, les Écrits védiques et le Seigneur Lui-même, de l'intérieur, guident tous ensemble le *bhakta* et l'empêchent de se laisser à nouveau fasciner par l'illusion. Protégé de la sorte, le dévot est assuré d'atteindre la perfection de l'existence. Le *Śrīmad-Bhāgavatam* (1.2.17–20) approfondit ce point, ici à peine ébauché.

Écouter et chanter les gloires du Seigneur sont en eux-mêmes des actes de piété. Si Dieu désire que chacun s'y consacre, c'est qu'Il est soucieux au plus haut point du bien de tous les êtres. Le fait d'écouter et de chanter les louanges du Seigneur nous purifie de toutes souillures et permet à notre dévotion de s'affermir. À ce stade, le *bhakta* acquiert les qualités brahmaniques, capables d'anéantir complètement les effets des modes d'influence matérielle les plus bas, la passion et l'ignorance. Le service d'amour illumine sa conscience en éclairant sa voie vers Dieu, et au fur et à mesure que ses doutes disparaissent, il s'élève jusqu'à la pure dévotion.

C'est ainsi que prennent fin les enseignements de Bhaktivedanta sur la Śrī Īśopaniṣad, *la connaissance qui nous rapproche de Kṛṣṇa, Dieu, la Personne Suprême.*

Appendice

Biographie de Śrī Śrīmad A.C. Bhaktivedanta Swami Prabhupāda

Śrī Śrīmad A.C. Bhaktivedanta Swami Prabhupāda naquit en Inde à Calcutta, en 1896. C'est là aussi qu'il rencontra pour la première fois son maître spirituel, Śrīla Bhaktisiddhānta Sarasvatī Gosvāmī, en 1922. Bhaktisiddhānta Sarasvatī, l'un des plus grands érudits en matière védique et le fondateur de soixante-quatre Gauḍīya Maṭhas (instituts védiques), apprécia beaucoup ce jeune homme instruit et le convainquit de dédier sa vie à l'enseignement du savoir védique. Śrīla Prabhupāda devint son élève et en 1933, il fut officiellement initié.

Dès leur première rencontre en 1922, Śrīla Bhaktisiddhanta Sarasvati demanda à Śrīla Prabhupāda de diffuser cette connaissance en langue anglaise. Dans les années qui suivirent, Śrīla Prabhupāda écrivit un commentaire sur la *Bhagavad-gītā,* assista la Gauḍīya Maṭha dans ses activités et en 1944, il commença la publication de *Back to Godhead,* un magazine bimensuel en anglais. À lui seul, Śrīla Prabhupāda en assumait la rédaction, la mise en page, la vérification des épreuves et la distribution. Aujourd'hui, ses disciples poursuivent encore la publication du magazine.

En 1950, Śrīla Prabhupāda se retira de la vie de famille pour adopter l'ordre du *vānaprastha* (retraite) et consacrer plus de temps à ses études et à l'écriture. Il s'installa dans la ville sainte de Vṛndāvana, au temple de Rādhā-Dāmodara, où il vécut dans des conditions très humbles. Là, il s'engagea pendant plusieurs années dans une étude approfondie des Écritures et à la rédaction de plusieurs livres. Il accepta l'ordre du renoncement *(sannyāsa)* en 1959. Au Rādhā-Dāmodara, Prabhupāda commença à travailler sur le chef-d'œuvre de sa vie : une traduction commentée des dix-huit mille versets du *Śrīmad Bhāgavatam* (Bhāgavata Purāṇa) en plusieurs volumes. Il écrivit aussi *Easy Journey to Other Planets.*

Après avoir publié trois volumes du *Bhāgavatam,* Śrīla Prabhupāda partit pour les États-Unis en septembre 1965, afin de remplir la mission de son maître spirituel. Par la suite, il écrivit plus de cinquante volumes de traductions commentées faisant autorité et plusieurs abrégés de divers classiques philosophiques et religieux de l'Inde.

Lorsqu'il arriva à New York à bord d'un cargo, Śrīla Prabhupāda n'avait pour toute fortune que 40 roupies. Mais, les difficultés des premiers mois passées, il établit l'ISKCON (l'International Society for Krishna Consciousness), en juillet 1966. Avant de quitter ce monde, le 14 novembre 1977, il guida l'Association et la vit grandir jusqu'à devenir une confédération mondiale de plus d'une centaine d'asrams, d'écoles, de temples, d'instituts et de communautés rurales.

En 1972, Śrīla Prabhupāda introduisit le système védique d'éducation primaire et secondaire en Occident, en fondant un *gurukula* (école) à Dallas au Texas. Depuis lors, ses disciples ont établi des écoles similaires à travers les États-Unis et dans le reste du monde.

Śrīla Prabhupāda inspira aussi la construction de grands centres culturels internationaux en Inde. Dans le Bengale de l'Ouest, à Śrīdhāma Māyāpura, les dévots ont entrepris la construction d'une ville spirituelle avec en son centre un magnifique temple — un projet ambitieux qui s'étendra sur de nombreuses années. À Vṛndāvana on trouve le temple de Krishna-Balarama avec ses chambres d'hôtes, un *gurukula,* le mausolée de Śrīla Prabhupāda et un musée. Il existe aussi des temples grandioses et des centres culturels à Mumbai, New Delhi, Ahmedabad, Siliguri et Ujjain, et d'autres centres sont encore en projet dans de nombreux lieux importants du sous-continent indien.

Cependant, les livres de Śrīla Prabhupāda restent sa contribution la plus significative. Hautement respectés par les érudits pour leur authenticité, leur profondeur et leur clarté, ils sont utilisés comme ouvrages de référence dans de nombreuses universités. Ses écrits ont été traduits dans plus d'une cinquantaine de langues. Le Bhaktivedanta Book Trust, fondé en 1972 pour publier les œuvres de Śrīla Prabhupāda, est aujourd'hui la plus grande maison d'édition mondiale dans le domaine de la religion et de la philosophie indienne.

En douze ans à peine et malgré son âge avancé, Śrīla Prabhupāda fit quatorze fois le tour du monde pour donner des conférences sur les six continents. En dépit d'un calendrier aussi intense, Śrīla Prabhupāda continua à écrire en abondance. Ses écrits constituent une véritable bibliothèque sur la philosophie, la religion, la littérature et la culture védique.

Glossaire

Ācārya : (Littéralement : celui qui enseigne par l'exemple.) Maître spirituel authentique. Il doit appartenir à une filiation spirituelle remontant à Dieu Lui-même et ainsi transmettre la connaissance originelle. Il montre à tous les êtres comment suivre la voie du Seigneur, Śrī Kṛṣṇa, et sa vie est l'exemple même de son enseignement.

Adhīra : Celui qui, au contraire du *dhīra,* subit l'empire de ses désirs matériels.

Akarma (ou *naiṣkarma*) : Action non soumise à la loi du *karma.* (Voir *Karma*)

Âme *(ātmā)* : Infime parcelle d'énergie divine, qui réside dans le corps de chaque être et se trouve à l'origine de la conscience.

Âme conditionnée : Se dit de l'âme incarnée qui, s'identifiant à son corps, tombe sous le joug des lois de la nature.

Âme Suprême : Voir Paramātmā.

Aparā-prakṛti : Voir Énergie matérielle.

Aparā-śakti : Puissance externe de Dieu, manifestée sous la forme de la nature matérielle.

Arbre-à-souhaits : Arbre qui satisfait tous les désirs, et qu'on trouve à Goloka Vṛndāvana.

Arjuna : Ami intime et disciple de Kṛṣṇa ; il reçut des lèvres de Celui-ci l'enseignement de la *Bhagavad-gītā.*

Āśramas : (Voir aussi *Varṇāśrama-dharma.*) Les quatre étapes de la vie spirituelle permettant à l'homme d'avancer vers la réalisation spirituelle :

1) *brahmacārī-āśrama :* période de célibat et d'étude sous la tutelle d'un maître spirituel ;

2) *gṛhastha-āśrama :* période de vie familiale et sociale en conformité avec les Écritures ;

3) *vānaprastha-āśrama :* période de pèlerinages accomplis en vue de se détacher de la vie familiale et sociale ;

4) *sannyāsa-āśrama :* renoncement total à toute vie familiale et sociale permettant de maîtriser parfaitement les sens et le mental et de se dédier à l'enseignement de la science de la réalisation spirituelle.

Āsuraṁ-bhāvam : Celui qui diffame Dieu, la Personne Suprême.

Ātmā : Voir Âme.

Ātmā-bhūta : Autre nom du *brahma-bhūta.*

Ātmā-hā : (Littéralement : celui qui tue l'âme.) Celui qui, n'utilisant pas la forme humaine pour prendre conscience de son identité spirituelle, « tue » en quelque sorte l'âme en l'empêchant de se libérer du cycle des morts et des renaissances.

Avatāra : (Littéralement : celui qui descend.) Émanation plénière ou représentant de Dieu descendu dans l'univers matériel pour rétablir les principes de la spiritualité.

Baladeva : Autre nom de Balarāma.

Baladeva Vidyābhūṣaṇa : Grand érudit et *ācārya vaiṣṇava.*

Balarāma (ou Baladeva) : Première émanation plénière de Dieu. Lorsque Śrī Kṛṣṇa vint sur terre, il y a 5 000 ans, Balarāma apparut avec Lui comme Son frère aîné, prenant part à Ses merveilleux divertissements.

Bali Mahārāja : Puissant roi qui réussit à conquérir tous les systèmes planétaires. Il est l'exemple même du renoncement, car il céda à Vāmana (un *avatāra*) tout son empire, et après s'être ainsi dépouillé de tous ses biens, s'offrit lui-même au Seigneur.

Bhagavad-gītā (ou *Gītopaniṣad*) : (Littéralement : le Chant du Seigneur.) Exposé métaphysique et spirituel énoncé il y a 5 000 ans par Śrī Kṛṣṇa, Dieu, la Personne Suprême. Il contient la science de la réalisation spirituelle et constitue la quintessence de toutes les Écritures védiques.

Bhagavān : Celui qui possède toutes les perfections : puissance, gloire, beauté, fortune, savoir et renoncement. Ce nom désigne Kṛṣṇa, la Personne Suprême.

Bhāgavata : Personnaliste, celui qui reconnaît en la Personne Suprême, Bhagavān Śrī Kṛṣṇa, l'aspect ultime de la Vérité Absolue, et s'engage pleinement à Son service.

Bhakta : Dévot de Kṛṣṇa, adepte du *bhakti-yoga.*

Bhaktivinoda Ṭhākura : Grand *ācārya* dans la lignée de Śrī Caitanya. Père de Śrīla Bhaktisiddhānta Sarasvatī, qui fut le maître spirituel de A.C. Bhaktivedanta Swami Prabhupāda, et pionnier du Mouvement pour la Conscience de Kṛṣṇa en Occident.

Bhakti-yoga : Le service de dévotion, étape finale du *yoga* tel qu'enseigné dans la *Bhagavad-gītā.* Il se pratique par l'abandon de soi à Dieu, la Personne Suprême, Śrī Kṛṣṇa, sous la direction d'un *ācārya.*

Brahmā : Premier *deva* et premier être créé. Il reçut de Kṛṣṇa le pouvoir de créer l'univers.

Brahma-bhūta : État de joie profonde qu'expérimente celui qui prend conscience de son identité spirituelle. Ce bonheur affranchit de tout désir matériel ; ni les joies, ni les peines de ce monde n'affectent celui qui le ressent.

Brahmacārī : Celui qui appartient au *brahmacārī-āśrama.* (Voir *Āśramas*)

Brahmacarya : Autre nom du *brahmacārī-āśrama.* (Voir *Āśramas*)

Brahmajyoti : Autre nom du Brahman.

Brahman (ou *brahmajyoti*) : Radiance émanant du corps absolu de Śrī Kṛṣṇa. Ceux qui, à force d'austérité et de pénitence, atteignent cet aspect éternel et impersonnel de la Vérité Absolue connaissent la cessation des souffrances matérielles. Mais cette identification au Brahman n'étant que temporaire, ils doivent revenir, tôt ou tard, dans le monde matériel.

Brāhmaṇa : Voir *Varṇas.*

Brahma-saṁhitā : Texte très ancien dans lequel Brahmā, après que Kṛṣṇa Se fut révélé à lui, décrit en détail la forme du Seigneur, Ses attributs et Son royaume.

Caitanya-caritāmṛta : Œuvre de Kṛṣṇadāsa Kavirāja *(ācārya vaiṣṇava)* décrivant la vie et les enseignements de Caitanya Mahāprabhu.

Caitanya Mahāprabhu : *Avatāra* venu en Inde, il y a 500 ans, pour répandre le chant des saints noms de Dieu, et lutter ainsi contre les influences dégradantes de l'âge de Kali. Bien qu'Il fût en réalité le Seigneur Lui-même, Il joua le rôle d'un *bhakta* afin de nous montrer comment raviver notre amour pour Dieu.

Cintāmaṇi : Joyaux spirituels qui satisfont tous les désirs, et qu'on trouve à Kṛṣṇaloka.

Connaissance matérielle *(avidyā)* : Toute connaissance qui détourne de la réalisation spirituelle.

Corps spirituel : Forme originelle de l'être ; il est *sac-cid-ānanda,* c'est-à-dire fait d'éternité, de connaissance et de félicité.

Danse rāsa : Divertissement sublime et absolu du Seigneur Suprême en compagnie des *gopīs.* (Voir *Gopīs*) Elle est un échange d'amour purement spirituel, et nul ne peut la comprendre sans en recevoir l'explication des lèvres d'un pur dévot de Kṛṣṇa.

Dāsya : Relation unissant le serviteur à son maître ; l'une des cinq principales relations qui unissent l'âme pure à Kṛṣṇa.

Devas : Êtres supérieurs aux humains que le Seigneur a dotés du pouvoir de régir la nature matérielle. Ils sont innombrables et chacun d'eux occupe une fonction particulière dans l'ordre de l'univers.

Dharma : Fonction naturelle et éternelle de l'être, qui consiste à servir le Seigneur avec amour et dévotion. Lorsqu'au contact de l'énergie illusoire, l'être oublie son *dharma,* il refuse de servir Dieu et se voit alors contraint par les lois de la nature de servir l'éphémère.

Dhīra : Celui qui n'est affecté ni par les circonstances extérieures, ni par les désirs nés de son mental.

Dvāpara-yuga : Troisième du cycle des quatre âges *(mahā-yuga),* il dure 864 000 ans.

Dvija-bandhu : Celui qui, bien que né dans une famille de *brāhmaṇas,* n'a pas développé les qualités brahmaniques.

Écritures védiques : Elles comprennent les quatre *Vedas* (le *Ṛg,* le *Yajur,* le *Sāma* et l'*Atharva*) ainsi que les *Upaniṣads,* leur partie philosophique, et leurs compléments : les *Purāṇas*, le *Mahābhārata* (dont fait partie la *Bhagavad-gītā*), le *Vedānta-sūtra* et le *Śrīmad-Bhāgavatam*. L'*avatāra* Vyāsadeva y a compilé toute la connaissance spirituelle, émise à l'origine par Kṛṣṇa Lui-même et transmise jusqu'alors par voie orale.

Ego matériel (faux ego) : Identification de l'être à son corps, à tout ce qui concerne ce dernier (apparence, nationalité, race, confession…).

Émanation plénière *(viṣṇu-tattva)* : Manifestation de Dieu à travers une forme divine autre que Sa forme originelle, mais possédant les mêmes pouvoirs absolus que Lui.

Énergie marginale *(jīva-śakti)* : L'une des trois principales énergies du Seigneur (spirituelle, marginale et matérielle). Elle est constituée par les êtres vivants, parties infimes de Dieu qui, bien que de nature spirituelle, peuvent tomber sous l'emprise de l'énergie matérielle.

Énergie matérielle *(aparā-prakṛti)* : Manifestation de la puissance externe du Seigneur, constituée de vingt-quatre éléments dont l'interaction s'opère sous l'influence du temps et au contact de l'énergie spirituelle du Seigneur. L'énergie matérielle est formée de 24 éléments : les 5 éléments bruts (la terre, l'eau, le feu, l'air et l'éther), les 3 éléments subtils (le mental, l'intelligence et le faux ego), les 3 *guṇas* (la Vertu, la Passion et l'Ignorance) à l'état non manifesté, les 5 organes de perception (les yeux, les oreilles, le nez, la langue et la peau), les 5 organes d'action (la bouche, les jambes, les bras, l'anus et les organes génitaux) et les 5 sens (l'odorat, le goût, la vue, le toucher et l'ouïe).

Énergie spirituelle *(parā-prakṛti)* : Manifestation de la puissance interne du Seigneur, elle constitue le monde spirituel, lieu originel de tous les êtres. Elle est toute d'éternité, de connaissance et de félicité *(sac-cid-ānanda)*, contrairement à l'énergie matérielle qui est temporaire, pleine d'ignorance et anxiété.

Filiation spirituelle : Succession de maîtres spirituels qui ont transmis, sans l'altérer, l'enseignement originel du Seigneur jusqu'à nos jours.

Forme arcā : Autre nom pour *Mūrti.*

Garbhodakaśāyī Viṣṇu : Deuxième *puruṣa-avatāra,* émanation plénière du Seigneur qui pénètre à l'intérieur de chaque univers pour y faire naître la multiplicité.

Goloka Vṛndāvana : Autre nom de Kṛṣṇaloka, le royaume de Dieu.

Gopīs : Jeunes villageoises, amies de Kṛṣṇa à Vṛndāvana. En raison de leur pur amour pour Lui, elles incarnent la plus haute dévotion au Seigneur.

Govardhana : Colline située à Vṛndāvana, où Kṛṣṇa passa Son enfance il y a 5 000 ans. À l'âge de cinq ans, le Seigneur démontra qu'Il n'était pas un être ordinaire en soulevant cette colline pendant sept jours consécutifs, afin de protéger les habitants de Vṛndāvana contre un déluge causé par Indra, le roi des planètes édéniques.

Govinda : Nom de Kṛṣṇa dont le sens est : « Celui qui comble les vaches, la terre et les sens. »

Gṛhastha : Celui qui appartient au *gṛhastha-āśrama.* (Voir *Āśrama*)

Guṇas : Au nombre de trois : *sattva-guṇa* (Vertu), *rajo-guṇa* (Passion) et *tamo-guṇa* (Ignorance). Il s'agit des diverses influences qu'exerce l'énergie matérielle sur les êtres et les choses ; elles déterminent, entre autres, la façon d'être, de penser et d'agir de l'âme qu'elles conditionnent. C'est par leur interaction que s'opèrent la création, le maintien et la destruction de l'univers. (Voir Vertu, Passion et Ignorance)

Hanumān : Dévot au corps de singe, qui aida Rāmacandra à vaincre les armées du démoniaque Rāvaṇa.

Ignorance *(tamo-guṇa)* **:** L'un des trois *guṇas.* Il est caractérisé par l'illusion, la confusion, la paresse et l'usage de substances toxiques.

Indra : *Deva* régnant sur les planètes édéniques. (Voir Planètes édéniques)

Īśāvāsya : (*īśā :* le Seigneur, *vāsya :* domination) Principe selon lequel tout doit être utilisé au service du Seigneur puisque tout Lui appartient et qu'Il en est le maître absolu. Agir dans l'esprit *īśāvāsya,* c'est faire de Dieu le point central de toute action.

Īśopaniṣad : La plus importante des *Upaniṣads.*

Jīva Gosvāmī : L'un des six grands sages de Vṛndāvana, disciple et contemporain de Śrī Caitanya.

Jñāna : Recherche de la Vérité sur le plan philosophique.

Jñāna-kāṇḍa : Partie des *Vedas* qui traite de la recherche philosophique de la Vérité.

Jñānī : Celui qui cherche à atteindre la perfection spirituelle par la spéculation philosophique. Il peut, après une quête longue et difficile, atteindre la réalisation du Brahman impersonnel.

Kali-yuga : Âge de querelle et d'hypocrisie, dernier du cycle des quatre âges *(mahā-yuga).* Il est commencé depuis 5 000 ans et durera encore 427 000 ans.

Kaniṣṭha adhikārī : Celui qui se trouve au niveau le moins élevé de la dévotion à Dieu. Il croit que Dieu n'est présent que dans le temple ou l'église ; ses pratiques religieuses sont mécaniques, et il est incapable de distinguer le niveau de réalisation spirituelle des êtres.

Kāraṇodakaśāyī Viṣṇu (Mahā-Viṣṇu) : Premier *puruṣa-avatāra,* émanation plénière du Seigneur de qui proviennent tous les univers.

Karma : Loi de la nature selon laquelle toute action matérielle, bonne ou mauvaise, entraîne obligatoirement une conséquence à sa dimension. Désigne également les actes conformes aux règles du *karma-kāṇḍa.* (Voir *Karma-kāṇḍa*)

Karma-kāṇḍa : Partie des *Vedas* qui traite des actions à accomplir pour obtenir des bienfaits matériels déterminés.

Karma-yoga : Une des premières étapes du *yoga.* Il aide son adepte à se détacher progressivement de l'existence matérielle en lui apprenant à renoncer aux fruits de ses actes.

Karmī : Celui qui, par ses actes fondés sur l'intérêt personnel, s'assujettit à la loi du *karma.*

Kṛṣṇa : Nom originel de Dieu, la Personne Suprême, dans Sa forme spirituelle première ; il signifie « l'Infiniment Fascinant ».

Kṛṣṇaloka (Goloka Vṛndāvana) : Planète spirituelle où Kṛṣṇa réside éternellement en la compagnie de Ses purs dévots.

Kṣatriyas : Voir *Varṇas.*

Kṣīrodakaśāyī Viṣṇu : Troisième *puruṣa-avatāra,* émanation plénière du Seigneur qui pénètre dans le cœur de chaque être et à l'intérieur de chaque atome. Il est le Paramātmā, l'Âme Suprême omniprésente.

Lakṣmī (déesse de la fortune) : Compagne éternelle du Seigneur Nārāyaṇa, dans les planètes Vaikuṇṭhas.

Libération : On entend généralement, par ce mot, le fait d'échapper aux lois de la nature (la naissance, la maladie, la vieillesse et la mort).

Mādhurya : Relation amoureuse, l'une des cinq principales relations qui peuvent unir l'âme pure à Kṛṣṇa.

Madhvācārya : Grand *ācārya vaiṣṇava.*

Madhyam adhikārī : Celui qui se trouve au niveau intermédiaire de la dévotion à Dieu. Il adore le Seigneur, se lie d'amitié avec les dévots, partage sa connaissance avec les innocents, et il évite les athées.

Mahābhāgavata : Autre nom de l'*uttama adhikārī.*

Mahābhārata : Poème épique contenant la *Bhagavad-gītā* et relatant l'histoire de la terre il y a 5 000 ans.

Mahā-mantra : Le « grand *mantra* » préconisé par Śrī Caitanya pour l'âge de Kali. Le chant du *mahā-mantra* (Hare Kṛṣṇa, Hare Kṛṣṇa, Kṛṣṇa Kṛṣṇa, Hare Hare, Hare Rāma, Hare Rāma, Rāma Rāma, Hare Hare) a le pouvoir non seulement de libérer l'être de ses tendances matérielles, mais aussi d'éveiller en lui l'extase spirituelle.

Mahātmā : (Littéralement : grande âme.) Celui qui comprend au plus profond de lui-même que Kṛṣṇa est tout, et qui, de ce fait, s'abandonne à Lui.

Maître spirituel : Voir *Ācārya.*

Mantra : (*mana :* mental, *traya :* libération) Vibration sonore pure qui a pour effet de libérer le mental de ses souillures et de ses tendances matérielles.

Māyā : (Littéralement : ce qui n'est pas, l'illusion.) Énergie illusoire de Kṛṣṇa. Sous son influence, l'âme s'identifie à la matière et cherche le plaisir des sens. Absorbée dans cette recherche, elle oublie la relation qui l'unit au Seigneur.

Māyāvāda : École philosophique à laquelle appartiennent les *māyāvādīs.*

Māyāvādī : Celui pour qui la Vérité Absolue est impersonnelle, c'est-à-dire dépourvue de forme, de personnalité, d'intelligence, de sens... et pour qui la perfection consiste à se fondre dans le Brahman pour ne plus faire qu'un avec Lui.

Māyayāpahṛta-jñāna : Celui dont la connaissance est vaine du fait qu'il reste sous l'empire de l'illusion.

Mental : Le sixième sens, qui a pour fonction de penser, sentir et vouloir selon les impulsions qu'il reçoit des cinq autres sens.

Mūḍha : Celui qui peine comme une bête de somme pour jouir des fruits de son labeur, sans aucun souci de réalisation spirituelle.

Mūrti (ou forme *arcā*) : Manifestation de la forme personnelle de Dieu à travers certains matériaux déterminés. Kṛṣṇa, le créateur et maître de tous les éléments, apparaît sous cette forme pour faciliter le service de Son dévot.

Naiṣkarma : Autre nom de l'*akarma.*

Nārada Muni : Grand sage qui reçut de Kṛṣṇa le pouvoir de voyager à travers tous les univers, matériels et spirituels, afin de répandre les gloires du Seigneur.

Nārāyaṇa : Émanation plénière de Kṛṣṇa régnant sur chacune des planètes Vaikuṇṭhas.

Nature matérielle : Autre nom de l'énergie matérielle.

Nimbarka Svāmī : Grand *ācārya vaiṣṇava.*

Nirguṇa : (*nir :* sans, *guṇa :* attribut. Littéralement : qui ne possède pas d'attributs.) On utilise ce terme pour indiquer que Dieu n'a pas d'attributs matériels, ou que Ses attributs dépassent toute conception matérielle.

Nṛsiṁha : *Avatāra* mi-homme, mi-lion, venu pour protéger le dévot Prahlāda Mahārāja des persécutions d'Hiraṇyakaśipu, son père, un roi démoniaque.

Paramātmā (l'Âme Suprême) : Émanation plénière de Kṛṣṇa qui accompagne l'âme dans le corps. Elle est à l'origine de la mémoire, de la connaissance et de l'oubli ; présente dans le cœur de chaque être et dans chaque atome de la création matérielle, elle maintient l'univers entier. Les *yogīs* au faîte de leur méditation peuvent La voir dans leur cœur.

Parā-prakṛti : Voir Énergie spirituelle.

Parīkṣit Mahārāja : Grand roi des temps védiques qui, n'ayant plus que sept jours à vivre, se prépara à la mort en écoutant le *Śrīmad-Bhāgavatam* des lèvres de Śukadeva Gosvāmī.

Parā-śakti : Puissance interne de Dieu, manifestée sous la forme de l'énergie spirituelle.

Passion *(rajo-guṇa)* : L'un des trois *guṇas*. Il est caractérisé par la convoitise, un grand attachement aux choses matérielles et des désirs incontrôlables. Celui qui subit l'influence de ce *guṇa* demeure toujours insatisfait et cherche sans fin à améliorer sa condition matérielle et à jouir davantage des fruits de son labeur.

Pieds pareils-au-lotus : Les pieds de Kṛṣṇa sont dits pareils-au-lotus car :

1) ils ne quittent jamais Kṛṣṇaloka, qui ressemble à une fleur de lotus ;

2) Ses orteils sont semblables à des pétales de lotus ;

3) la plante de Ses pieds est rouge comme la fleur de lotus ;

4) on dit aussi de Kṛṣṇa, de Ses émanations et de Ses représentants, les grands *ācāryas*, qu'ils ont des pieds pareils-au-lotus car, comme la fleur de lotus qui n'est jamais mouillée bien qu'elle vive sur l'eau, ils ne sont jamais souillés par l'énergie matérielle, *māyā*, même lorsqu'ils entrent en contact avec elle.

Planètes édéniques : Planètes appartenant au système planétaire supérieur. Les êtres y sont plus évolués, la vie plus longue, la souffrance inexistante et les plaisirs matériels beaucoup plus grands que sur les autres planètes de l'univers. Les âmes vertueuses y sont envoyées pour récolter les fruits de leurs bonnes actions.

Prahlāda Mahārāja : L'enfant dévot que le Seigneur, sous Sa forme de Nṛsiṁha, sauva des persécutions d'Hiraṇyakaśipu, le roi athée.

Prajāpatis : Ancêtres de l'humanité, qui engendrèrent les premiers hommes.

Prasāda : (Littéralement : miséricorde de Dieu.) Nourriture offerte avec amour et dévotion à Kṛṣṇa qui la consacre et lui donne le pouvoir de purifier ceux qui la mangent.

Pṛthu Mahārāja : *Avatāra*, grand roi des temps védiques.

Purāṇas : Écrits védiques, au nombre de dix-huit, dont six sont destinés à ceux qui vivent dans l'ignorance, six autres à ceux qui subissent l'influence de la passion et les six derniers à ceux qui obéissent à la vertu.

Puruṣa-avatāras : Émanations plénières de Kṛṣṇa, au nombre de trois : Kāraṇodakaśāyī Viṣṇu, Garbhodakaśāyī Viṣṇu et Kṣīrodakaśāyī Viṣṇu.

Rajo-guṇa : Voir Passion.

Rāma : 1) Nom de Śrī Kṛṣṇa, la Personne Suprême, signifiant « la source intarissable de félicité » ;

2) L'*avatāra* Rāmacandra, exemple du parfait souverain.

Rāmānujācārya : Grand *ācārya vaiṣṇava.*

Rāmāyaṇa : Écrit védique relatant l'épopée de Rāmacandra. (Voir Rāma)

Rūpa Gosvāmī : L'un des six grands sages de Vṛndāvana, disciple et contemporain de Śrī Caitanya. Il est l'auteur du *Bhakti-rasāmṛta-sindhu* (Le Nectar de la Dévotion).

Sac-cid-ānanda-vigraha : (*sat :* éternité, *cit :* connaissance, *ānanda :* félicité, *vigraha :* forme) Caractères propres de la forme spirituelle éternelle du Seigneur Suprême, ainsi que des âmes distinctes.

Sākhya : Relation d'amitié, l'une des cinq principales relations qui unissent l'âme pure à Kṛṣṇa.

Śaṅkarācārya : Incarnation de Śiva, venue sur terre enseigner l'impersonnalisme, pour chasser l'influence du bouddhisme et pour rétablir l'autorité des *Vedas.*

Sannyāsī : Celui qui appartient au *sannyāsī-āśrama.* (Voir *Āśramas*)

Śānta : Relation neutre, passive ; l'une des cinq principales relations qui unissent l'âme pure à Kṛṣṇa. Le *bhakta* uni au Seigneur par cette relation vénère Sa grandeur avec beaucoup de respect, mais ne s'engage pas dans un service actif en vue de Lui plaire.

Sattva-guṇa : Voir Vertu.

Satya-yuga : Premier du cycle des quatre âges *(mahā-yuga),* il dure 1 728 000 ans. Presque tous les hommes y vivent dans la réalisation spirituelle.

Śiva : Pur *bhakta* chargé de détruire l'univers à la fin de la vie de Brahmā.

Śrīmad-Bhāgavatam (*Bhāgavata Purāṇa,* ou *Mahā-Purāṇa*) : Écrit védique relatant les divertissements éternels de Kṛṣṇa et de Ses purs dévots. Il constitue le commentaire originel du *Vedānta-sūtra.*

Śruti : Savoir venu directement de Kṛṣṇa.

Śuci : Autre nom du *brāhmaṇa,* indiquant sa pureté.

Śūdra : Voir *Varṇas.*

Śukadeva Gosvāmī : Fils de Vyāsadeva, il reçut de son père l'enseignement du *Śrīmad-Bhāgavatam* alors qu'il était encore dans le sein de sa mère.

Svāmī (ou *gosvāmī*) : Celui qui a une parfaite maîtrise de ses sens, de ses paroles et de ses pensées. S'applique habituellement au *sannyāsī,* celui qui adopte l'ordre du renoncement.

Tamo-guṇa : Voir Ignorance.

Tretā-yuga : Deuxième du cycle des quatre âges *(mahā-yuga),* il dure 1 296 000 ans.

Tri-pāda-vibhūti : Les trois quarts de l'énergie totale du Seigneur correspondant à Son énergie spirituelle, l'autre quart étant constitué par l'énergie matérielle.

Univers : 1) Soit l'entière manifestation cosmique, qui compte des millions d'univers ;
2) Soit chacun des univers pris individuellement : sphère close entourée de sept couches de matière qui renferme 14 systèmes planétaires comptant chacun d'innombrables planètes.

Upaniṣads : Écrits védiques ; partie philosophique des *Vedas.*

Uttama-adhikārī *(mahā-bhāgavata)* : Pur *bhakta,* celui qui se trouve au niveau le plus élevé de la dévotion à Dieu. Il voit la Personne Suprême en chaque être et en chaque chose. Il a atteint le sommet de la réalisation spirituelle.

Vaikuṇṭhalokas : (*vai :* exempt de, *kuṇṭha :* angoisse, *loka :* planète) Planètes éternelles situées dans le monde spirituel. Le Seigneur règne sur chacune dans Sa forme Nārāyaṇa.

Vaiṣṇava : Celui qui se voue au Seigneur Suprême Viṣṇu, ou Kṛṣṇa.

Vaiṣṇava-sampradāya : Filiation spirituelle formée de maîtres *vaiṣṇavas.*

Vaiśya : Voir *Varṇas.*

Vānaprastha : Celui qui appartient au *vānaprastha-āśrama.* (Voir *Āśramas*)

Varāha : L'*avatāra*-sanglier, venu pour vaincre le monstre Hiraṇyakṣa et replacer sur son orbite la terre, dont ce dernier avait rompu l'équilibre.

Varṇas : Les quatre groupes sociaux :

1) *brāhmaṇas :* sages et érudits
2) *kṣatriyas :* administrateurs et hommes de guerre
3) *vaiśyas :* agriculteurs et commerçants
4) *śūdras :* ouvriers et artisans.

L'équilibre social dépend du respect de ces quatre divisions universelles. (Voir *Varṇāśrama-dharma*)

Varṇāśrama-dharma : Institution védique respectanl la division naturelle de la société en quatre *varṇas* et *āśramas.* (Voir *Varṇas* et *āśramas*) Il fut institué par Kṛṣṇa Lui-même dans le but de combler tous les besoins matériels et spirituels de l'homme.

Vātsalya : Relation entre parents et enfants, l'une des cinq principales relations qui unissent l'âme pure à Kṛṣṇa.

Vedānta-sūtra : Écrit védique, grand traité philosophique sur la nature de la Vérité Absolue.

Vedas : Le *Veda* originel, divisé en quatre parties : le *Ṛg,* le *Yajur,* le *Sāma* et l'*Atharva.*

Vertu *(sattva-guṇa)* : L'un des trois *guṇas.* Elle est caractérisée par la connaissance, le bonheur, la pureté, la maîtrise des sens, la sérénité, l'humilité et la modération.

Vidyā : Connaissance spirituelle qui libère de la naissance, de la maladie, de la vieillesse et de la mort.

Vikarma : Action contraire aux règles énoncées dans les Écritures, cause de dégradation pour l'homme.

Viṣṇu : Émanation plénière de Kṛṣṇa, Il est chargé du maintien des univers.

Viṣṇu Svāmī : Grand *ācārya vaiṣṇava.*

Viṣṇu-tattva : Voir Émanation plénière.

Vṛndāvana : Village de l'Inde où Kṛṣṇa apparut il y a 5 000 ans pour dévoiler Ses divertissements absolus en compagnie de Ses purs dévots.

Vyāsadeva : *Avatāra* qui compila toutes les Écritures védiques.

Yoga : (Littéralement : union avec Dieu.) Méthode qui permet d'unir l'être distinct à la Vérité Absolue, l'Être Suprême, Śrī Kṛṣṇa.

Yoga-bhraṣṭa : *Yogī* abandonnant le sentier de la réalisation spirituelle.

Yogī : Adepte du *yoga* sous l'une de ses diverses formes.

Guide de prononciation du sanskrit

À travers les siècles, la langue sanskrite a été écrite dans toute une variété d'alphabets. Cependant, le mode d'écriture le plus largement utilisé dans l'Inde entière est le *devanāgarī,* terme qui signifie littéralement l'écriture en usage "dans les cités des *devas.*" L'alphabet *devanāgarī* consiste en quarante-huit caractères: 13 voyelles et 35 consonnes.

Les grammairiens sanskritistes de l'antiquité ont agencé cet alphabet selon des principes linguistiques pragmatiques reconnus par tous les érudits occidentaux.

Le système de translittération utilisé dans le présent ouvrage est conforme à celui que les linguistes ont adopté depuis les cinquantes dernières années pour indiquer la prononciation des mots sanskrits.

Les voyelles

अ a   आ ā   इ i   ई ī   उ u   ऊ ū   ऋ ṛ

ॠ ṝ   ऌ ḷ   ए e   ऐ ai   ओ o   औ au

Les consonnes

Gutturales:	क ka	ख kha	ग ga	घ gha	ङ ṅa
Palatales:	च ca	छ cha	ज ja	झ jha	ञ ña
Cérébrales:	ट ṭa	ठ ṭha	ड ḍa	ढ ḍha	ण ṇa

Dentales:	त **ta**	थ **tha**	द **da**	ध **dha**	न **na**
Labiales:	प **pa**	फ **pha**	ब **ba**	भ **bha**	म **ma**
Semi-voyelles:	य **ya**	र **ra**	ल **la**	व **va**	
Sifflantes:	श **śa**	ष **ṣa**	स **sa**		

Aspirée: ह **ha** Anusvāra: ं **ṁ** Visarga: ः **ḥ**

Les chiffres

० – 0 १ – 1 २ – 2 ३ – 3 ४ – 4 ५ – 5 ६ – 6 ७ – 7 ८ – 8 ९ – 9

Les voyelles prennent une forme différente lorsqu'elles suivent une consonne:

ा **ā** ि **i** ी **ī** ु **u** ू **ū** ृ **ṛ** ॄ **ṝ** े **e** ै **ai** ो **o** ौ **au**

Exemples: क **ka** का **kā** कि **ki** की **kī** कु **ku** कू **kū**

कृ **kṛ** कॄ **kṝ** के **ke** कै **kai** को **ko** कौ **kau**

Deux consonnes ou plus qui se suivent s'écrivent de façon spéciale:

क्ष **kṣa** त्र **tra**

La voyelle **a** est sous-entendue après une consonne qui n'est pas suivie de voyelle.

Le signe *virāma* (्) indique qu'il n'y a pas de voyelle finale: क्

Les voyelles se prononcent comme suit:

a — comme le **o** de robe.

ā — comme dans pâtre.

ai — comme dans **ail**.

au — par la combinaison du **a** immédiatement suivi du son **ou**.

e — comme dans clé.

i — comme dans pic.

ī — comme dans cri.

ḷ — entre **lri** et **lre**.

o — comme dans pot.

ṛ — (r roulé) entre le **ri** de **riz** et le **re** de **re**belle.

u — comme dans b**ou**le.

ū — comme dans l**ou**p.

Les consonnes se prononcent comme suit:

Gutturales
k — comme dans **k**épi.
kh — comme dans **kh**ol (en aspirant le h).
g — comme dans **g**ai.
gh — comme dans **gh**etto (en aspirant le h).
ṅ — comme le ng de Tcha**ng**.

Palatales
c — comme dans **tch**èque.
ch — même prononciation que tchèque, avec un h aspiré.
j — comme dans **dj**inn.
jh — même prononciation que djinn, avec un h aspiré.
ñ — comme dans Ke**n**ya.

Dentales: t, th, d, dh, n
(en appuyant le bout de la langue contre les dents)

Labiales: p, ph, b, bh, m

Cérébrales: ṭ, ṭh, ḍ, ḍh, ṇ
(en appuyant le bout de la langue contre la partie antérieure de la voûte du palais)

Les semi-voyelles:
y — comme dans **y**oga.
r — comme dans **r**ien (r roulé).
l — comme dans **l**umière.
v — comme dans **v**ache.

Lettre Aspirée:
Les **h** sont aspirés.

Anusvāra
ṁ — se prononce comme dans le **on** de bon, (avec l'accent du midi).

Les sifflantes:
ś — comme dans **schl**amm.
ṣ — comme dans **ch**at.
s — comme dans **s**oleil.

Visarga
ḥ — se prononce différemment selon qu'il se trouve à l'intérieur ou à la fin d'une ligne.

Centres de bhakti-yoga dans les pays francophones

FRANCE

Paris : 230 Avenue de la Division Leclerc, 95200 Sarcelles ; Tel. +33 (0)1 34 45 89 12 ; paris@pamho.net ; www.krishnaparis.com

Luçay-le-Mâle : La Nouvelle Mayapura, Domaine d'Oublaisse, 36360 Luçay-le-Mâle ; Tel. +33 (0)2 54 40 23 95 ; www.newmayapur.fr

BELGIQUE

Durbuy : ISKCON Radhadesh, Petite Somme 5, 6940 Septon (Durbuy) ; Tel. +32 (0)86 32 29 26 ; info@radhadesh.com ; www.radhadesh.com

SUISSE

Zürich : Krishna-Gemeinschaft Schweiz, Bergstrasse 54, 8032 Zürich ; Tel. +41 (0)44 262 33 88 ; kgs@pamho.net; www.krishna.ch

Langenthal : Gaura Bhaktiyoga Center, Dorfgasse 43, 4900 Langenthal ; Tel. +41 (0)62 922 05 48 ; gaura.bhaktiyoga.center@gmx.ch ; www.gaura-bhakti.ch

CANADA

Montréal : 1626 boul. Pie IX, Montréal, Québec H1V 2C5 ; Tel. +1-514-521-1301 ; iskconmontreal@gmail.com ; www.iskconmontreal.ca

Ottawa : 212 Somerset St. E., Ottawa, Ontario K1N 6V4 ; Tel. +1-613-565-6544 ; www.ottawa.iskcon.ca

LA RÉUNION

La Montagne : Association Sankirtan, 54 Allée Des Mufliers, Lotissement Les Filaos, 97417 La Montagne ; Tel. +(0) 692 70 74 38, +(0) 262 30 98 03 ; dolene.huitelec@gmail.com

ÎLE MAURICE

Bon Accueil : ISKCON Vedic Farm, Hare Krishna Road, Vrindavan, Bon Accueil ; Tel. +230-418-3955 ; Fax : +230-418-3185 ; sriniketandas@yahoo.com ; www.iskconmauritius.org

CÔTE D'IVOIRE

Abidjan : Temple Hare Krishna, Cocody-Angre, Villa 238, Cité Blanche, Abidjan (P.O. Box : 09 BP 715 ABJ 09) ; Tel. +225 05 64 83 29 ; carudesnabts108@gmail.com

RD CONGO

Kinshasa : Commune de Mont Ngafula Mbudi Safrica, avenue du Fleuve N°1, Kinshasa ; Tel. +243-997132360 ; srikrishnardcongo@yahoo.fr

GHANA

Accra : Samsam Rd., Off Accra-Nsawam Hwy., Medie, Accra North (mail: P.O. Box 11686) ; Tel. & fax +233302981099/ +233262143963/ +233261654232 ; srivas_bts@yahoo.co.in, jnanacaksusdas2005@yahoo.com

TOGO

Lomé : Sis Face Place Bonke, Cote Blue Night, Tokoin Hospital 01, BP 3105 ; Tel. + 228 98027288, 9028793 ; satcidanandadasbts@gmail.com

Pour une liste des centres à travers le monde, voir directory.krishna.com